好书精读
Master
15′

商业新闻出版公司和轻松读文化事业有限公司提供内容支持

U0852123

解说力
直击顾客价值

轻松读大师项目部 编

中国盲文出版社

图书在版编目（CIP）数据

解说力：直击顾客价值（大字版）/ 轻松读大师项目部编. —北京：中国盲文出版社，2019.12

ISBN 978-7-5002-9388-0

Ⅰ. ①解…　Ⅱ. ①轻…　Ⅲ. ①销售学　Ⅳ. ①F713.3

中国版本图书馆 CIP 数据核字（2019）第 269175 号

本书由轻松读文化事业有限公司授权出版

解说力：直击顾客价值

编　　者：轻松读大师项目部
出版发行：中国盲文出版社
社　　址：北京市西城区太平街甲 6 号
邮政编码：100050
印　　刷：北京建筑工业印刷厂
经　　销：新华书店
开　　本：787×1092　1/16
字　　数：66 千字
印　　张：9
版　　次：2019 年 12 月第 1 版 2019 年 12 月第 1 次印刷
书　　号：ISBN 978-7-5002-9388-0/F·189
定　　价：36.00 元
销售热线：（010）83190297　83190289　83190292

出版前言

数字文明为我们求知问道、拓展格局带来空前便利，同时也使我们深受信息过剩、知识爆炸的困扰。面对海量信息，闭目塞听、望洋兴叹固非良策，不分主次、照单全收更无可能。时代快速变化，竞争不断升级，要想克服本领恐慌，防止无知而盲、少知而迷，需尽可能将主流社会的最新智力成果内化于心、外化于行，如此才能更好地顺应时代，提高成功概率。为使读者精准快速地把握分散在万千书卷中的新理念、新策略、新创意、新方法，我们组织编写了这套“好书精读丛书”。

这套书旨在帮助读者提高阅读质量和效率。我们依托海内外相关知识服务机构十多年的持续积累，博观约取，从经济管理、创业创新、投资理财、营销创意、人际沟通、名企分析等方面选取数百种与时俱进又经世致用的好书分类整合，凝练出版。它们或传播现代经管新知，或讲授实用营销技巧，或聚焦创新创业，或分析成功者要素组合，真知云集，灼见荟萃。期待这些凝聚着当代经济社会管理创新创意亮点的好书，能为提升您的学识见解和能力建设提供优质有效便捷的阅读资源。

聚焦对最新知识的深度加工和闪光点提炼是这套书的突出特点。每本书集中解读4种主题相关的代表性好书，以“要点整理”“5分钟摘要”“主题看板”“关键词解读”“轻松读大师”等栏目精炼呈现各书核心观点，崇真尚实，化繁为简，您可利用各种碎片化时间在赏心悦目中取其精髓。常读常新，明辨笃行，您一定会悟得更深更透，做得更好更快。

好书不厌百回读，熟读深思子自知。作为精准知识服务的一次尝试，我们期待能帮您开启高效率的阅读。让我们一起成长和超越！

CONTENTS

目录

人们评价的就是绩效。绩效就是自己完成的工作、取得的成就以及受到认同的程度，而后者要靠沟通能力来实现。要怎么利用自己的发言机会？要怎么说服他人按照自己的规划展开工作？要怎么确保大家记得某项构想是自己提出来的？要怎么树立权威？要怎么带动合作？

一开口就是老大 / 35

让自己和传统的领导者一样，谈论专一、积极、可实现且考虑周全的愿景，并让它主导你所说的一切。在演讲、演示、参加会议和即兴谈话时，都描绘愿景。愿景是活的：如果你能坚持在各种场合描绘它，人们就会相信它，并为之采取行动，使之成真。

这样说就容易懂 / 71

我想生活在一个解说得更清楚的世界。世界愈变愈复杂，解说的需求也随之增加，以解说为第一要务的人也因此拥有了惊人的机会。重视解说的人愈多，我们就愈能展现解说的强大威力。

说动全世界 / 103

如果口才可以在纽约证券交易所挂牌上市，那么每位华尔街分析师都会下单买进。因为它的价值会不断上涨，投资这只股票会获得愈来愈多的股利。不论在家里还是在工作单位，卓越的沟通技巧都是你吸引他人注意力，提出具有说服力的观点，被人记住以及看起来聪明自信的法宝。

强有力的说话方式

Power Talk

Using Language to Build Authority and Influence

原著作者简介

莎拉·麦金蒂(Sarah McGinty)，就职于哈佛大学教育研究所，主要研究领域是语言学，并在全美各地为工商团体和企业开办研讨会。

本文编译 陈翠兰

主要内容

主要内容

◎ 5分钟摘要

语言就是绩效

商场上可谓“说什么话得什么果”，语言是最有影响力的商务沟通方式。要顺利沟通，就要了解在什么状况下采取哪种说话风格最有效。了解两种基本的商业语言风格并慎选其中一种，一个人就可以在专业能力和经验达到应有水准之前，借助遣词造句树立权威并提升影响力。

卓越的语言技巧的确无法一直粉饰平凡的工作表现，不过却可以呈现并凸显卓越表现和亮丽绩效。了解怎么运用语言积极主导各种局面，就可以在考核时让自己显得既有分量又有可信度。语言就是力量，是有效的工作技能。具备绝佳语言技巧有以下益处：

◎控制自己给他人的印象。

◎学会用最恰当的方式传达适当的信息。

◎达成自己的目标。

简而言之，了解商业语言能够提升你的权威感和影响力。

关键思维

人们评价的就是绩效。绩效就是自己完成的工作、取得的成就以及受到认同的程度，而后者要靠沟通能力来实现。要怎么利用自己的发言机会？要怎么说服他人按照自己的规划展开工作？要怎么确保大家记得某项构想是自己提出来的？要怎么树立权威感？要怎么带动合作？以上各种情况都需考虑说话方式和语言风格，这跟良好构想或醒目标题一样重要。没错，工作讲究的就是绩效，但是要获得认同和提拔，则要靠良好的沟通技巧。

——莎拉·麦金蒂

一　两种基本的商业语言风格

要运用语言进行商业沟通，其实只有两类语言风格，即下达式语言和征询式语言可供运用。这两种风格都很重要，可根据不同情况选择运用，提升沟通效果。

1. 下达式语言

这是主导局势的语言。使用下达式语言的目的是要让说话者听起来像领导者。这种风格会让听众下意识觉得，这个说话的人很内行，值得信任，可能提出有效的行动方案。下达式语言能够明确展现信心、能力、知识，并且隐隐透出权威感。下达式语言的主要特点如下：

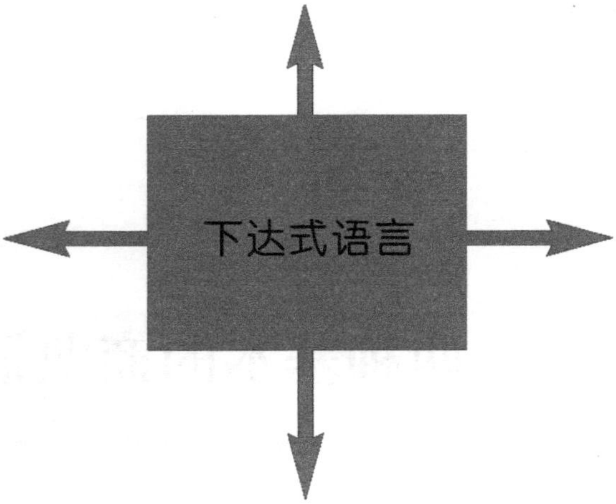

（1）只指示不回应——使用简练的语言，尽可能传达更多信息，且不让任何人打断自己的发言，使讨论聚焦在议题上。指示性说话的具体表达如下：

◎“回到我们原本讨论的问题上……”

◎“有意思，不过我们要专心讨论……”

◎“好，不过我们要先解决……”

◎“很好，现在请你……”

◎“非常好，我了解你的意思。现在我们来看……”

◎“嗯，坦白告诉你……”

◎“大致上来讲你说得没错，不过回到正题……”

◎“好，我们先假设是这样，不过……”

（2）明确陈述——提出问题，讨论可能的解决方案，并且形成决策，或者直接表达自己的想法。

在运用下达式语言时，说话者就是演示者，有点像老师给学生授课：

◎“各位一定喜欢这种安排。”

◎“相信我们一定可以在预算之内达成目标。”

◎“我们一定要把眼光放长远。”

（3）决断——在必要时反驳、争辩或予以否定。下达式语言具有冲突的性质，说话者会自信而积极地否定他人提出的想法。当然，这不是情绪化的争辩，而是提出愈来愈多的证据，予以客观分析。使用下达式语言的目的不是要让听众觉得不舒服或是针对听众个人，而是要大胆、坚定地让听众接受正确的决策：

◎“没错，你说得很有道理，不过这真的是我们想要表达的意思吗？”

◎“一定要记住的重点是……”

◎“我跟你说，从数据来看那样的论点不成立，其实……”

◎“记住，可能的选择不包括……”

◎“我相信，如果进一步分析，可以证明……”

（4）主导局面——讲话客观，而且尊重他人的意见，比如用眼神、良好的身姿和适中的语调，平和理性地传达信息。说话者充分展现自信，让听众信服并且按照指示行事。

（5）树立权威——运用各种资料，例如统计数据、其他专家的报告等，在听众心中树立权威感。说话者也可能运用类比的方式，说明自己过去曾运用什么方法，达成目前讨论的目标。杰出的说话者常常提出新信息和符合谈话情境的幽默话题，借此树立自己的权威：

◎“在……上，我们遇到的问题是一样的。”

◎“我之前做了同样的事……”

◎“我分析了这个状况之后，发现……”

2. 征询式语言

这是促成合作的语言。使用征询式语言的目的是要让人觉得说话者很亲切，会广纳意见并且深入探询：如果大家都能直言提出自己认为最理想的构想，那么适当的行动方案就一定能够形成。征询式语言会促成对话，让人感到温暖，并且会探究问题。征询式语言的主要特点如下：

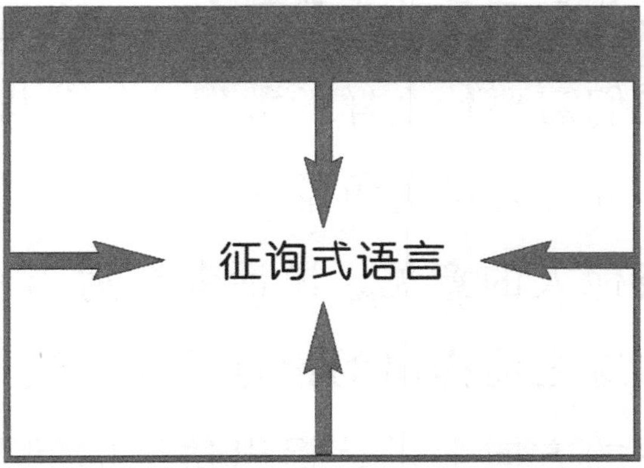

（1）回应而不指示——广纳意见并且回应谈话对象。说话者并不设定谈话主题，而是回应谈话对象想要谈论的内容。这并不表示说话者不乐于参与整个讨论，而是说他鲜少主导设定谈话主题。说话者相信，运用征询方式形成议题并且提供看法会比较有效：

◎“听起来大家都同意要……”

◎“我只是在想……之间是不是存在共同点？”

◎“如果我的理解没错的话……”

（2）提出问题——让大家搜集信息，让所有成员都参与讨论，并引发后续讨论。适合的问题等于让大家都有机会领导团队，并积累资历或塑造专业形象。当然，说话者也可能因此陷入困境或失去可信度。说话者可能提出以下问题：

◎“这些数据可不可以直接跟……对照？”

◎“各位是不是认为我们在……上遇到困难?”

◎“我们需要什么样的数据才能分析?”

(3)不计一切避免争论——尽量避免公开争论，或当面挑战他人的意见。说话者会适当地提供各种新信息、回应之前提出的论点，并且让讨论大致上朝自己希望的方向前进。提出适当的问题可以温和地引导讨论方向，而且几乎是在不知不觉之间达成目标：

◎“大家知不知道为什么……”

◎“如果了解这一点，我们也可以理解……”

◎“我们是不是已经找到实际作法，处理……”

(4)运用对话影响局面——持续带动并鼓励大家公开对话。这种风格重在强调讨论的过程，而不是让说话者捍卫自己的观点。说话者会让其他人参加讨论，并且为此建立沟通的桥梁。说话者提出的评论是针对整个团队，而不是针对某个特定个人：

◎“听起来你的意思是……”

◎“如果我没听错的话，你担心的是……”

◎“就像他刚刚说的……”

(5)营造情境维系团队成员——软化自己的态度，把自己的身段放得更低(“我知道自己提出的问题听起来很浅显，不过……”），表示歉意（“我很不喜欢提成本的问题，不过……”），或者表示只是个人想法（“这可能只是我个人的考虑……”）。说话者运用征询式语言来展现自己相当关心整个团队的利益并且对将要发生的一切充满兴趣：

◎“我很清楚这可能跟讨论无关，不过……”

◎“你可能已经考虑到这一点，不过……”

◎“我在这个项目中只负责协调，不过……”

下达式语言表现的是能力和主导作用，征询式语言则是要广纳意见和促成合作，并让人感受到说话者的温暖和亲切。顾问在寻求建议和构想时，更可能运用征询式语言，而 CEO 常运用下达式语言，发表各种声明或进行陈述。

关键思维

◆领导力会随着职务头衔而来吗？一个人讲话很有分量，是因为他们的身份是法官、经理人或 CEO 吗？职务、薪资、制服、头衔、宽敞的办公室，的确可以营造说话的分量。不过，语言风格也是另一种权力的来源。经理人召集会议、与部门开会或是与公司总裁谈话时，都会慎选用词和表达方式，借此确立自己的地位。有抱负的经理人希望树立更大的权威时，就可能使用下达式语言。聪明地运用下达式语言，会建立信心、信任和尊重。下达式语言能够引导对话方向，但也可能引发猜忌、愤慨与竞争。

◆征询式语言能够为他人创造发言的空间，从而得以搜集信息。因为职位或个人偏好而被排除（或自外）于权力中心的人就可能采用征询式语言。他可能对团队成员表达意见，团队中其他成员也可能积极参与讨论。

——莎拉·麦金蒂

二 语言的交叉训练

要让商务沟通变得更顺利、更有效，可以尝试进行语言的交叉训练，由内而外强化沟通技巧，同时有意识地学会使用两种语言风格，以大幅加强、运用自己觉得最自在的沟通方式的能力。这种训练包括自省、外求、小试、执行4个阶段。

1. 自省：检视自己目前的谈话方式

（1）审视自己的每一次谈话——要调整说话风格，必须先了解自己目前的说话方式。因此，应该问自己以下几个问题：

◎自己在会议中表现如何？

◎自己在面谈中给人什么观感？

◎自己在对话中呈现什么形象？

◎自己表达了多少想法？

◎自己发言时间有多长？

◎自己提出多少问题?

◎自己听起来信心强不强?

◎自己的谈话内容有多少变化?

◎自己给人留下什么印象?

事实上，要确实自省、了解自己目前的说话方式并非易事。即使记下自己每天说出的每一句话，也难以看出语调和发音造成的细微差别。

（2）可以用以下方式自省：

◎拿起电话，在自己的语音信箱里留言。客观检视自己的留言，感受它给人什么感觉，表达了多大善意，是否有专业感。

◎用录音机录下自己打的电话，看自己听起来如何，提出了多少问题，用了多少时间来说和听。你甚至可以用摄像机录下自己某次演示的情形，来进行分析。

◎邀请同事参加自己主讲的演示，并进行评论。请同事坦率指出自己有哪些表现可能让听众不悦，并评论自己的肢体语言、面部表情，以及被听众打断时的处理方式。

◎报名参加当地社区大学的沟通推广课程，或者参加专业进修课程。这些课程会提出实用的观点和诀窍，让沟通更顺利。

2. 外求：研究成功人士的谈话方式

每个行业和组织都有其独特的惯用语，也就是领军人物爱用的词语和术语。只要更密切地关注他们的谈话，就可能把那些惯用语整合到自己的谈话里。

（1）学习成功人士的谈话方式：

◎顶尖成功人士在提出想法时，是放低身段还是大胆直言？

◎位高权重者是运用下达式语言还是征询式语言？

◎领域中的明日之星是打破规则还是唯唯诺诺？

◎管理团队都使用相同的语言风格，还是成员各有各的风格？

◎如果新构想与主流观念不符，是用什么方式提出的？

◎在组织内发言，是不是常常以个人经验为例？

◎提出论点时，通常运用哪些资料支持自己？

◎组织中获得升迁的成员，通常采用哪些沟通策略？

（2）从他人身上学习适当的谈话方式：

◎会议结束后，跟同事讨论并且询问他们，会议中哪部分内容让他们获益最大，同时请教上司，然后比较两者的反馈，不同之处可能相当有启发性。

◎找到心目中的模范——取得卓越成就的人。找出他们常用的沟通方式，设法复制他们的语言风格。

◎仔细观察组织中哪些人职位很高，却几乎没有影响力，分析他们的沟通方式为什么无效。这可以让你清楚了解应该避免使用哪种说话方式。

3. 小试：小规模测试新构想

要实际测试新的语言风格、行为或谈话方式。先在规模较小、较友善的环境中尝试，然后进行调整和改进，最后才更大规模、更公开地运用：

（1）尝试加入下达式句子——在小试阶段，通常只要在自己的沟通方式和日常应对中加进几个新的句子就可以了，比如可以运用以下句子：

◎“我不同意这个看法。”

◎“我个人认为……”

◎“根据我的经验，这个计划相当不错（或恐怕行不通）。”

◎“我想再进一步考察这笔预算、工作日程、资格条件。”

◎“我有几个构想可以帮助我们解决这个问题。”

◎“我非常支持这种做法。”

运用下达式语言时，话要少，要展现自信并且从“我”而不是“我们”的角度思考。

（2）尝试加入征询式句子——可以在对话中加入以下句子：

◎“有意思，请继续。”

◎“这个议题还有没有其他要讨论的内容？”

◎“我不知道这重不重要，不过之前有没有考虑到……”

◎“好，还有哪些议题需要讨论？”

◎“我们应该怎么解决？”

要记住，征询式语言强调的是广纳意见，并且要建立沟通桥梁让大家都参与。要从“我们”的角度思考，当自己急于加入谈话时，要先在心里数到“3”。

（3）掌握小试的时机——谨慎选择合适的场合，再尝试运用新的说话方式，以下是两个实用的方法：

◎在小纸片上写下新的句子，将其贴在电话上，提醒自己在适当的时候试用一下。

◎在参加专业研讨会时试用自己的新句子，因为在这种场合大家对自己不是那么熟悉。

4. 执行：公开运用新的谈话方式

这就是见真章的时候了。公开运用新的谈话方式时，大家会严格评判你的表现。

（1）改变语气，强化征询式语言——可以采用以下做法：

◎事先规划，也可以先用书面或电子文件的形式在讨论前把信息发出去。

◎准备一连串问题，邀请其他人参与讨论。

◎只要说话者停顿下来，就请他们继续往下说，不要抓住这空当儿自己滔滔不绝地讲下去。

◎刻意邀请其他人参与对话。

◎在其他人贡献想法之后，再顺势提出自己的想法。

◎放松心情，让其他人更详细地说明他人的想法。

◎只要对话中出现停顿，就静等 3 秒钟。要善用沉默。

◎不要在其他人发言的时候思考自己接下来要

发表的意见，应该仔细聆听他们的谈话，做笔记并理解其想法。

◎在正式的会议结束之后，要特别留意大家的非正式交谈。

◎不要多话，让其他人主导谈话。

（2）改变语气，强化下达式语言——采取以下做法：

◎事先做好准备，选定自己想讨论的2～3项议题。只在这几个议题上发表意见，不要想到什么说什么。

◎在会议之前，先寻求几位重要同事或上司支持自己的构想。

◎每个论点都要精当，直指问题核心。语气要肯定、坚定。

◎以专业为基础并由此出发，树立自己的权威。运用类比的方法或提出具体证据来支持自己的观点。

◎要在会议中间或即将结束时提出自己的构想，不要在一开始白费力气，因为那时大家都还未做好准备。

◎要勇于面对否定，即便其他人不同意自己的意见，也不要以为是针对自己。

◎要有良好的肢体语言，不要因为多余动作让谈话显得无力。

◎态度要友善，说话要有信心和把握。不要加进细枝末节，如无谓的私事等。

◎要做好心理准备，因为构想一定会受到严格、彻底的检视。工作会议一定会涉及政治角力，要预见这种状况并做准备。

关键思维

归根究底，说话者应该根据自己面对的情况选择使用下达式语言或征询式语言。说话者可能比较习惯于运用一种说话风格，但是搭配运用另一种风格也很有用。持续倾听并且思考自己遇到的说话方式。你工作所需的能力，你大概已经具备90%，接下来就应在个人工具箱中，加入有分量、有影响力的语言。实际运用自己的说话方式，检视自己一天下来说话的分量是轻还是重，然后判断自己是更善于主导局面、引导对话方向并且争取主导权，还是更善于倾听、提问并且激发和搜集有力的构想。

——莎拉·麦金蒂

三　语言的实际运用

商务沟通技巧能够让人更有效地呈现自己的构想，并让自己的工作表现获得应有评价。要确切了解自己运用的语言，让自己的各项工作成果显得更有分量和可信度。在商场上更需了解以下因素并调整自己的语言。

1. 职务变动：配合职务调整说话方式

每次职务变动时，都应该调整自己的说话方式，可以采用以下方法：

（1）先运用征询式语言，把自己当成海绵吸收大家的优点——要在新职务上建立说话的分量，必须先仔细观察前辈常用的文化、术语和说话风格。把自己当作海绵，大量吸收惯用沟通方式中的微妙之处。

（2）学习借用上司的权威——尝试找到导师，

让他为你背书，你的构想也会更站得住脚。有导师，你也会更有把握和信心，更能够畅所欲言，表现出胸有成竹的样子。让自己在某项业务上具备无与伦比的专业能力也有助于达成这项目标。

（3）工作表现要亮眼，要有创新并且能够解决问题，以此建立可信度和说话分量——如果能够开创新局面或者解决过去无人能解的难题，就比较容易让人注意到自己的表现。

（4）找机会不断培养专业能力，为运用下达式语言打下基础——部分专业领域能够为顾客创造价值，从中选择特定领域并且深入钻研。运用自己对该领域的了解、第一手的实务经验，或者之前接受的专业训练，让自己为顾客带来价值。自己过去在职业发展中培养的部分专业能力，甚至有可能转化成新的工作技能，并可为自己争取到特定领域中的说话分量和权威感。有了这样的基础，你就有机会进一步提升自己的声誉，使自己最终在整个组织中占有一席之地。不过一定要确认之前还没有哪位成员具备这个领域的专业能力。

（5）一旦开始运用下达式语言，就要挺身而出发挥领导作用——如果已经熟悉状况，了解各方势力，就可以开始更多地运用下达式语言。如果之前打下的基础够扎实，大家自然会认为你说的话有分量、有权威感，你的领导力也就随之而来。

（6）在尝试推销自己的构想前，要先了解听众并且下工夫准备——只要洞悉人心、见多识广，就可判断对哪些人必须细加说明，对哪些人又必须一语中的。要根据自己的判断，确保自己能够针对适合的对象，运用适当的语言策略，有效地阐述自己的构想。

（7）为新职务学习新语言——每次接下新的职务，都要明白新旧语言之间的细微差异。不要期待语言可以通用，根本没有这回事。每次担任新的职务，都需要学习更多商业用语，一定要下工夫学习。

（8）在新的工作环境中，要争取更多说话分量或采用新的谈话方式——职务变化，不论是转行还是跳槽，都是提升说话分量和影响力的绝佳机会。要主动寻找、积极拥抱这些机会，让自己成为工作上的先驱。

（9）即便有人不适应自己的新语言，也要坚持下去——自己的说话分量提升时，有人可能觉得自己好像有些权利被剥夺了。要知道有得必有失，事业上的成功可能会让你失去部分友谊。

2. 电子沟通：了解沟通原则还在不断演变

电子沟通既快速又自然，但是也需要注意情境。如果没有背景信息，沟通内容可能让人感到唐突、无礼、随意或傲慢。因此，运用电子沟通应该谨慎，尤其是在科技和使用规则还在演变阶段时，更要小心。

那么，该怎么运用电子时代的工具进行妥善沟通呢？可以参照以下做法：

（1）发电子邮件：

◎内容要简短，篇幅尽可能不要超过一页。

◎避免使用大写，读起来像在咆哮。

◎避免敏感的议题，以免造成误会。

◎不要一次提出太多问题。

◎附件要谨慎，许多人不喜欢打开附件。

◎使用大家都接受的惯用方式撰写。

◎定期打印通讯录作为备份。

◎不希望众人皆知的事情，不要写在邮件中。

（2）回复电子邮件：

◎即时让对方知道自己已收到信息。

◎邮件中每个问题都要回复，不要只回复最后一个。

◎遣词造句要拿捏分寸，避免使用太多俚语或挑衅的字眼。

◎发邮件前一定要三思，以免自己后悔。

◎发邮件前请同事读一遍。

◎确认团队中每位成员都能收到群发邮件。

◎要记住，电子邮件可以轻易地冒用他人名义发出。

（3）在自己的语音信箱留言：

◎内容要简短。

◎语气要亲切友善。

◎告诉对方什么时候可以直接与自己联系。

◎定期更新内容，必要时每天更新。

（4）在他人的语音信箱留言：

◎留言前先构思清楚。

◎仔细听操作说明。

◎先说明自己的姓名和电话号码。

◎在结束时再次说明自己的姓名和电话号码。

◎留言要有助于推动合作进行下去。

◎要考虑到对方的谈话方式。

◎要设法让对方回电。

◎给对方留言 1 天不要超过 2 次。

一般来说，各种形式的电子沟通都具有快速和自然的特点，这种沟通非常便利，但是也意味着可能轻率发表意见，使自己事后感到尴尬。另外还有保密性问题，电子沟通的内容可以轻易转发给任何人，你无法保证自己发表的内容在未来会被哪些人接收到。

电子沟通可能带来积极效果（例如激励大家更上一层楼），但是面对复杂或敏感的议题时也可能造成伤害。要处理这些议题，在相当程度上要靠面对面沟通中的微妙之处。另外也要记住，电子沟通会让对方窥见自己真貌，也可看见组织在公众形象背后日常互动的情况。

在未来的工作环境中，电子沟通一定会扮演相当重要的角色。在电子沟通规则不断演变时，一定要紧跟时代的脉动。

3. 性别差异：理解两性不同的沟通方式

男性和女性的沟通方式不同，这可能对商务沟通造成明显影响，大多数研究显示：

（1）在职场上，女性大多屈居劣势：

◎女性更容易把挫折埋藏在心里。

◎在团体形成决策的过程中，女性提出的意见影响力较低，不如男性。

◎在一般人心目中，女性的外貌愈有魅力，能力就愈低。相对来说，男性外貌愈有魅力，大家就容易认为这个人的能力愈高。

◎女性在解决问题时如果独断专行，招致的负面评价会比男性严重。

◎如果女性有所成就，大家通常会认为主要是运气好，而不是能力强。男性则恰恰相反，大家会认为他成功大多是因为能力，而不是靠运气。

◎大致来说，女性渴望得到的薪资低于男性。

◎女性通常会高估工作的困难程度，而男性通常低估所有事情的难度。

◎女性在发言时受到的重视程度低于男性。

显然，性别问题可能大大影响商务沟通。有趣的是，这种状况正随着社会变化快速演变，语言往往可以反映这种状况。

（2）两性沟通之道——在商业环境中，到底应该如何适应两性之间不同的沟通习惯？具体可采用以下方法：

◎男性更重视女性的发言，并且把焦点放在女性提出的构想上。

◎如果女性在会议上的所有发言从来没有人真正认真加以考虑，那就必须找到方法让所有人听见女性的意见。

◎女性必须增加在讨论中发言的机会。如果有人认为这样太过积极，就要勇于面对压力。

◎不论男性还是女性都要懂得分辨下达式语言和征询式语言，更清楚地把握在工作中遇到的各种状况，了解背后有哪些势力在角力。

4. 文化背景：注意自己的听众是谁

除了判断自己应该采用下达式语言还是征询式语言，还必须注意许多背景因素，例如文化背景、身份、阶层、学历等，以判断哪种方式更能有效沟通，同时避免因文化差异而产生误解：

◎了解自己的日常语言习惯，这会受到居住环境、年龄、教育的影响。

◎学习包容他人的语言习惯。

◎不要妄下判断，否定他人的口音、语言习惯、措辞。

◎和初学英语的人交谈时，只要对方没听懂，就要运用同义词或其他词语来解释。

◎如果离乡背井在外地工作，就要比平时更常使用征询式语言。在自己可以清楚了解自己说话到底有多大分量之前，要尽量听取他人的意见。

◎不要以为自己高中时学的外语已经足以让自己运用这种语言进行棘手或复杂的谈判。

◎跟外地人谈话或是在外地工作，要避免使用俚语、缩写字和口语体。用词要尽量简单，以免造成误会。

◎如果对话突然中断，不要害怕。有礼貌地请对方解释刚刚说明的内容。要有心理准备，在沟通的过程中会发生误解。

◎要记住，书面协议比口头协议更可靠，如果使用多种语言更是如此。

◎进行重要谈判时一定要聘请口译人员，口译人员的母语必须和对方相同。

◎如果家人跟自己一起远赴他乡，别忘了帮助家人适应环境。要记住，家人不像自己一样可以运用各种资源，要设法帮助家人学习和适应。

◎要预期会碰到麻烦。要了解，外地来的高级主管无法像自己一样，熟练地用本地的说话方式，要努力给外地主管留面子。

◎要敏感地察觉文化差异，不要轻易卷入纷争。另外，人往往会人云亦云，这也要尽量避免。要记住，环境不可能一下子改变，要融入主流的文化和语言习惯一定会花一段时间。

◎要学习其他语言，至少学会在自己拜访的国家里该怎么用简单的句子问好和道谢。只要稍稍努力，就可以让对方感觉到你很想跟他互动。

5. 语言学：研究语言的演变

语言学是针对语言进行的学术研究。语言跟商务沟通密切相关，会大大影响我们的工作绩效、建立商业关系的能力，以及我们对这个世界的理解。因此，语言学这个学科绝对值得我们持续研究。

要提升商务沟通的能力，就需要更深入地了解语言学。语言学有几个主要的研究领域，包括：

◎语言规则——心里既定的规则，能够帮助我们判断哪些句子合乎语法，哪些句子不合。

◎社会语言学——了解阶层、性别、年龄和族群会对我们的谈话会造成什么影响，又会怎么影响我们对谈话内容的诠释。

◎神经学——了解语言机能与大脑的哪些部位有关，以及哪些脑波跟谈话和思考有关。

◎历史语言学——研究人类一开始如何谈话以及语言如何演变和传播。

◎词源学——研究新词语的生成背景以及词义的演变过程。

◎正字法——研究用文字记录谈话的规范，包括拼词法和字母系统。

◎音韵学——研究音高、重音和连音如何形成复杂的系统，并表达单词的含意。

◎构词学——研究单词的结构以及单词是怎样以各种方式产生、广泛应用和消失的。

◎句法学——分析句子并且研究每个句子的不同组成成分。

◎语义学——研究单词的含意。

◎神经生物学——研究人类如何整合认知、视觉和感知得来的信息。

关键思维

几乎每一门学科都提出各种理由，主张自己是语言学的根源：哲学、数学、心理学、社会学、神经生物学、计算机科学，当然还包括英语语言学，都主张语言学属于自己这个学科。如果能更彻底地理解语言学这个研究领域，我们就更能够充分尊重语言的复杂性，深深感佩人类心智的力量，并且学会包容差异。

——莎拉·麦金蒂

一开口就是老大

Speaking as a Leader

How to Lead Every Time You Speak

原著作者简介

朱迪斯·汉弗莱(Judith Humphrey)，汉弗莱集团的创办人兼总裁，毕业于美国罗切斯特大学，曾任教于约克大学，教授传播学。还担任过有名银行、公司的传播经理。

本文编译	乐为良

主要内容

5 分钟摘要

麦克风一直都是开着的

每天你有几十个机会让你的同事和下属信服你。麦克风一直都是开着的，只要把每次谈话都当作培养领导力的机会，你就能很快拥有一个成功领导者的必备技能。

所有的沟通都是一种领导行为。要在任何情况下一开口就像个带头的老大，就需要采取以下 4 个步骤：

一 像领导者一样思考

要一开口就像领导者，就必须吸引众人目光，并且激励、影响、感动他们。领导者珍惜每次说话的机会，了解他的听众，并鼓舞他们，而不仅仅传递信息。

要展现领导者的风范，扎实的心理准备是第一步。事实上，领导者谈话时必须做到以下几点。

1. 心中有愿景和使命

领导者不会只是找朋友说话打发时间。对于公司未来走向，领导者心中都有一个愿景，因此会利用每次机会描绘它。例如，谷歌共同创办人谢尔盖·布林说谷歌的愿景是“涵盖世界所有信息，让每个人都能获取且从中受益”。脸书创办人马克·扎克伯格说脸书的愿景是“让世界更开放并彼此相连”。

描述愿景时要：

◎聚焦于一个你可以用一句话描述的使命，发出单一诉求。

◎鼓舞听众。你的愿景必须是积极的，而不是消极的。

◎确保愿景是可以实现的。如果不切实际，员工就会泄气。

◎考虑周全，并能说明你的使命为何。

2. **超越层级**

你不只是衔命领导下属。与人沟通时，要努力影响公司里层级比你高、比你低以及同级的同事。要记住以下 3 点：

（1）与下属谈话，要强调愿景，说服他们而不是直接下命令。要向他们推销愿景，并争取他们的协助，一定不要由上而下发出唐突的命令。要做个领导者，而不要是土霸王。

（2）与同事、顾客或供应商一起工作时，要找出共同点并营造建设性关系。从对方的角度去看问题，然后根据共同目标，推销你的想法，争取对方的协助。

（3）与比较资深或层级较高的人谈话时：

◎语气要坚定，且满怀敬意。

◎直接说出你的想法——不要拐弯抹角。

◎不断寻找最明智的下一步。

◎要大胆——把自己当作参谋。

3. 传递信息并启发

许多人说半天话只是给了一堆信息，因为：

◎他们认为这样做比较“安全”。

◎他们以为这么做可以树立自己的“专家”形象。

◎许多公司的文化要求他们说话时提供大量信息。

◎他们担心如果不放几张幻灯片，就会让人觉得自己没有做准备。

这是很糟糕的事。实际上，鼓舞人心的沟通方式远比灌输大量信息有意义。如果你把每次谈话都当作鼓舞士气的机会，你就能进入领导模式。毕竟，领导者拥有超越目前困境的愿景，那是前方阳光普照的地方。如果人们每次跟你谈话时你都能启发他们，他们就会一次又一次地回来找你。

4. 积极乐观

事实很简单，如果你真的想像领导者一样思考、谈话，就不能总是消极思考。你必须态度积极，无论是进行正式的还是非正式的发言。人们自然而然会接近积极的人，避开消极的人——你愈是积极，就愈有可能领导他人。

那么，要如何才能表现得更加积极？

◎不论情况多糟都要寻找一线希望，做好讨论的准备。

◎专注于讨论你的解决方案，而不是你遭遇的问题。不要被问题困住。

◎承认遭遇困难，但要把大部分时间用于积极作为。

◎使用积极的语言——“我们遇到了困难状况，但这正是我们展现实力的大好机会。”

5. 语气坚定

信念来自内心，要展现你的信念就必须：

◎热情十足——人们不喜欢跟没热情的人谈话。要思考自己该说些什么，并设法突出它的重要性，结果可能令人振奋。

◎真心诚意——让人们感受到你说的事与你个人有关，相信你会言行一致。

◎勇敢无惧——你的信念会因为你所说的话而

更具影响力，即使面对反对意见也要坚持说出正确的事。领导者就该如此。

◎诚实无欺——不要欺骗、造假或说谎。尽一切可能积极看待事情，鼓舞他人跟随，但不要哄骗。

6. 当好听众

要做善于沟通的领导者，就得先做绝佳的听众。聆听是成为优秀领导者的先决条件。你必须在3个层面上做到聆听：

◎肢体上——你必须表现出敞开心胸、察纳雅言的样子，而不是一心想着自己接下来要说什么。要注意人们在谈话时使用的所有肢体语言。

◎心智上——要预测对方的想法，并以开放的心态去验证。专注倾听对方，听取他的意见，而不要急着进行评断。仔细倾听对方所说的一切，敞开心胸了解他的观点，建设性地运用它们。

◎情绪上——保持礼貌，对他人的感受要敏感。对你希望影响的人，要注意他言语及非言语上的反应。

7. 认真做好沟通

虽然我们总是说“领导是天生的”，实际上历史上最强势的领导者都会积极提升个人的领导能力。

要让自己成为成功的领导者，就必须一直投入心力改善领导方式。

具体来说，你必须付出时间和精力，写出强有力的脚本，然后一遍又一遍地演练。强有力的演说者总是一副驾轻就熟的样子，但这需要数月甚至数年的努力和磨炼。演说前要认真准备讲稿，并大声朗读出来，要让自己的演讲生动有趣。可在支持者面前朗读，请他们提出建议。全心投入、准备后，演说起来就会像个天生的领导者。这就是领导者的标志。

关键思维

◆让自己和传统的领导者一样，谈论专一、积极、可实现且考虑周全的愿景，并让它主导你所说的一切。在演讲、演示、参加会议和即兴谈话时，都描绘愿景。愿景是活的：如果你能持续地在各种场合都描绘它，人们就会相信它，并为之采取行动，使之成真。

◆在组织内外的每次谈话都是改变听众想法的机会，无论你或他们的头衔为何。要由上而下、对同级或由下而上进行领导并不容易，必须敏感，要有政治智慧、机智和勇气。

◆你真正的力量不是来自谈话内容，而是来自你的愿景。虽然培根曾经说过“知识就是力量”，但今天的世界已被知识淹没，人们需要的是清晰的洞见和诠释性的见解。提供信息只是炫耀所知，而鼓舞人心的做法则是展示你的信念，让别人追随。

◆成效卓著的领导者会以坚定的信念进行沟通。愿景指出了前进的方向，信念则展示了内心的力量。你说话时应该语气坚定，比如“这就是我所相信的事，这个诉求对我来说意义非凡……对你也应该很重要”。领导者的工作是鼓舞并激励人们采取行动。

——朱迪斯·汉弗莱

二　跟着领导者的脚本走

领导者不会只是坐下来跟人聊天，他们有实现自己目标的脚本。要影响与你谈话的人，就要跟着领导者的脚本走。

当你说话时，你自然不希望看到人们咬牙忍受的样子。你希望吸引他们倾听，得到他们认同，并看到他们按照你的建议行事。实现这些目标的最佳途径就是跟着领导者的脚本走。领导者的脚本可分为引言、正文和总结 3 部分。

1. 引言

一流的引言会吸引听众，将他们变成一场发现之旅的积极参与者。引言包括 4 个要素：

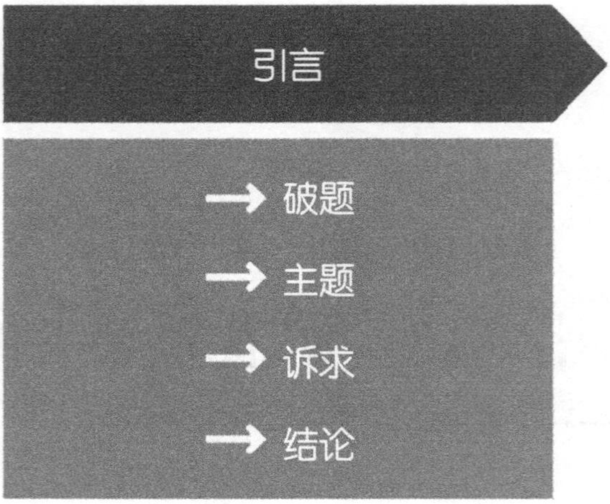

（1）破题——你的开场白，亦即用来抓住听众注意力的机会。如果是正式演讲或演示，破题的内容可以是故事或轶闻，为你想要谈论的主题搭好舞台。在非正式场合，破题可以只是一句温暖的问候，或延续别人刚说过的一个想法。破题方式各种各样，要视情况而定，包括：

◎一个有趣或感人肺腑的故事。

◎一段简洁有趣的视频。

◎引述知名人士的话。

◎诗句或改写过的名句。

◎力道十足且惊人的统计数据。

◎个人的经验或观察。

◎完全出乎意料或令人惊叹的事物。

（2）主题——关于谈话内容的一句简要叙述。

表述方法有很多，如“今天，我将谈论……”“这次演示是要检讨……”“我想请大家看看……”等。每次说话都要有个主题，你必须让这句关于主题的概述听起来令人期待，并且耐人寻味。

（3）诉求——抛出你的主要论点。用一个简单的句子概括你希望听众记住的主要内容。这是你所相信的事，也是你努力争取听众认同的观点。作为领导者，每次说话都要表明诉求，这也是你解说诉求的机会。诉求在一开始就要说出来，然后在正文中加以论证，在总结时加以强调。要大胆表述，比如：

◎“我要说的是我们有财务困难。”

◎“如果有一件事我希望你们记住，那就是……”

◎“我的意思是……”

（4）结论——以声明结束引言。当场告诉人们你将如何阐述自己的论点，这样做就好像呈现给他们一张路线图，比如：

◎“我会先把挑战说清楚，再谈我们的应对。”

◎“我这么说是基于3大理由。”

范例 1

破题：欢迎各位。当我首次在新合公司担任主管时，公司里担任高级主管的少数族裔屈指可数。我不止一次被当成后勤部门的清洁工。幸好，这种情况在10年后已经有所改变。

主题：今天，我想和大家谈论新合致力于追求员工多元化的努力。

诉求：我希望大家从我说的话中明白，新合现在正在推行的3个重要方案的目的是帮助少数族裔在公司取得晋升机会。

结论：我将先从为何出现这种情况开始，接着再解释新合如何应对这项挑战，而且是以《财富》500强公司从未想象或尝试过的方式。

范例 2

破题：欢迎参加这场分析师演示。很高兴大家加入我们，也感谢大家对加拿大黄金公司的关心。非常感谢在过去一年中你们把我们的信息传递给更广泛的投资群体。我们很荣幸将与大家分享下一阶段的成长。

主题：今天，我将带大家一睹去年的业绩。

诉求：受惠于全球黄金市场的价格上涨，以及本公司生产技术的进步，黄金公司创造了相当丰厚的获利。

结论：我们深信黄金公司在今年及未来将达成更大幅度的成长。我将在此加以阐述，得出此结论的理由有三：

◎我们有个好市场。

◎我们的品牌强势且有良好的关系。

◎我们有个充满活力、能力一流的管理团队。

在演示最后，我也会空出时间与大家进行开放式问答和讨论。

2. 正文

当引言俘获听众的注意力后，接着就该提供条理分明的信息。有 5 种模式或方法可以作为思考的架构：

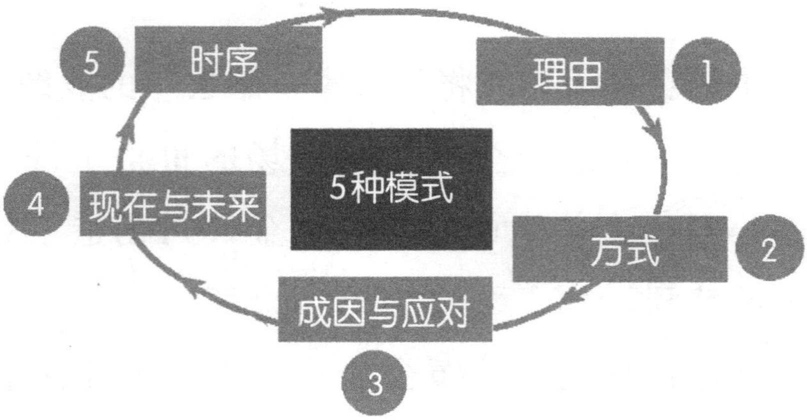

（1）理由——清楚明白地说出你为何相信你的所作所为。

诉求：我相信我们的未来充满希望。

正文：

◎我们的产品市场正在扩大。

◎我们居于产业领导地位。

◎我们的投资带来获利机会。

（2）方式——详细描述你的诉求将如何落实。

诉求：我在哈佛这儿学到如何打造自己的人生，而不失去理想和信念。

正文：

第一，下决心每天都学一些新东西。

第二，带着热情和勇气努力工作。

第三，定期回馈社会。

第四，要有自信。

第五，随时保持乐观。

（3）成因与应对——用一种动人的方式阐述需要改变的理由。描述眼前的挑战或机会，再详述你应对这种局面所采取的行动。

诉求：上次的顾客调查发现有顾客高度不满，这种情况令人担忧，该是我们采取大胆行动的时候了。

正文：我会先审视最新顾客调查所突显的问题，接着讨论我们解决这些问题所采取的步骤。

◎超过60%的顾客表示不满。

◎我们拟采用3个新的顾客策略。

（4）现在与未来——以比较的方式提供信息。首先介绍最新进度，接着勾勒往前发展时你期望发生的事情。将“原本在哪里”与“正往何处去”进行对比，这种方法常在年度会议、绩效检讨、项目汇报时使用，但也适用于其他场合。

诉求： 如果我们要在过去 1 年成就的基础上继续发展，就得加把劲努力开发下一代技术。

正文： 我会先谈谈我们过去是如何做到的，然后将针对未来的工作提出看法。感谢大家的努力，我们在去年取得辉煌的业绩。我们现在必须趁热打铁，让明年实现可观的成长。

（5）时序——强调一段时间后某个项目将取得的成果。

诉求： 现在我们必须证明我们有勇气重新打造美国——世界上历史最悠久的民主国家。

正文： 历史是我们的伟大之处。开国元勋们勇敢地向世界宣布了我们的独立。今天，我们的经济仍然是世界上最强大的，虽然我们面临一些艰巨的挑战，我们将努力化解僵局，再造美国。

从 5 种模式中选出一种来整理你的演示正文，

看看你对你的诉求、听众以及可供使用的资料的理解程度有多少。弄清楚哪种模式可以传递你的诉求，最具说服力。当然，你也可以使用一个模式来处理整体的诉求，再用另一个模式补充你的观点。

3. 总结

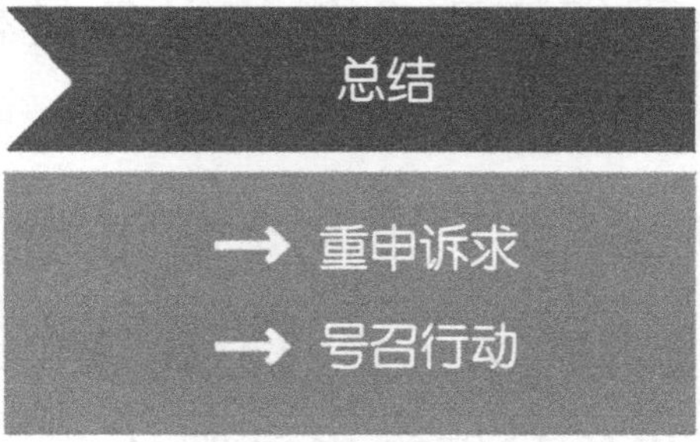

结束演示时，你只需要：

（1）重申你的诉求或你一直努力阐述的主要观点。此时的目标是让听众觉得这是他们自己的诉求。“所以，如大家所见，我们目前正设法在下一季交出优异业绩。”

（2）发出明确的行动号召。告诉听众他们该做什么，让你的诉求成真。理想的行动号召会十分明确地指出你希望人们采取怎样的具体行动。

把行动号召当作演示里的战斗口号。有效的行动号召通常具有 3 个特点：

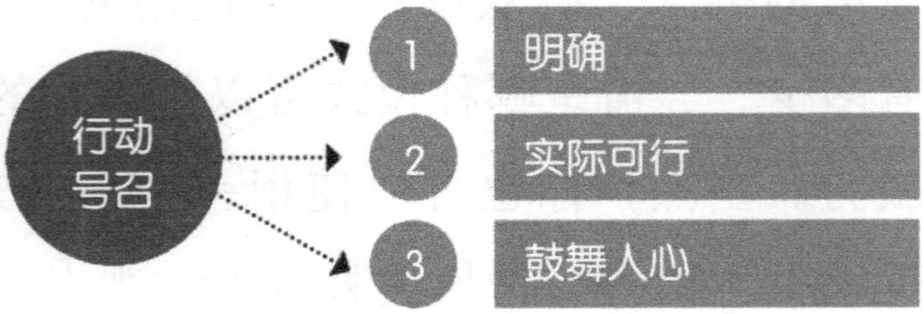

◎明确——提出一个清楚明白的待议事项。“这项预算可以让我们实现今年的财务目标，所以请大家批准。”

◎实际可行——提出一个适用于目前状况的行动号召。“我请求大家同意我们在这个地区指定一位独家代理，他将给我们带来可观的获利。”

◎鼓舞人心——“新合正在演变为一个真正的全球性公司。在我们向前推进的时候，作为一个团结一致的管理团队，我们期待密切合作。我请求大家奉献时间和精力，打造一个世界级团队，带领这家企业勇往直前。”

关键思维

◆领导者的脚本是一个用来设计说话内容的模板，不管你要讲 30 分钟还是 30 秒都适用，它功力非凡。这个模板适用于正式演讲或演示、回答问题、电话交谈，以及与同事的简短交谈。你的脚本只需要一种设计就够了，它可以帮助你应对所有情况。使用这个模板，你将永远坚守诉求，并能影响和激发他人。

◆脚本的正文应该用来说服听众，让他们彻底理解你的诉求。无论是正式演讲还是临时发言，正文都是你阐述论点的机会。掌握组织脚本的技术，你就可以像强有力的领导者那样说话，你的聪明才智就体现在你提出的每个论点之中，领导者最重要的素质就是思维清晰。毕竟，当前企业最重要的资本就是创意，脚本可以给你带来丰厚的报酬。

◆下一次在准备演示、打电话或者写电子邮件时，要问自己："我希望什么事情发生?"先把这件事记下来，并且在拟定其他内容时，把它放在心上。运用脚本模板，你的演讲、演示、电子邮件及会议上的发言便会激励人们跟着你走。你的每次发言都将成为一次领导行为。

——朱迪斯·汉弗莱

三　使用领导者的语言

作为领导者，你的用字遣词大有影响。卓越的领导者十分留意他们的用语，并且谨慎选择。他们善用明确的、个人的语言为他们的诉求注入活力。你的语言也要这样，要让听众理解你的想法并付诸行动。

1. 说话要明确

要让听众理解你，就需要在谈话前把内容想好，务必围绕主题。如果你说话精确简洁，听众会发现你驾驭复杂事物的能力。人们喜欢和说话直率、坦诚的领导者共事，这也是你想做到的。

说话明确也要求使用适合听众的语言。要了解你的听众，慎选你的用词，说话要精准，要留意听众对你的谈话有什么反应。

2. 少使用行话

行话是企业、政府和专业组织容易使用的行业用语，包括不当用语、夸张的术语和过度使用以至于失去意义的表达。找出各种形式的行话，从你的文本中删除。

商务会谈中很容易说出的行话包括：

◎空话或占了一定分量却没有多大意义的表达方式——就像“形成比赛场地上方主要屏障的抛物线拱形物”，还不如直接说“屋顶”。

◎大词——如使用“都会”而不用“城市”。同样，“天气”怎么都比“气象”好。许多演讲者以为大词会让他们听起来更聪明，效果却适得其反。

◎流行语——例如“策略化”“典范”或“复合式多层结构”。要少用流行语，舍弃许多结尾加“化”的用语。

◎陈词滥调——例如“大略估计”“最低限度”“作业参数”或“可行的选择”，怎么会有人考虑不可行的选择呢？

◎怪异的词语组合——如把几个词语硬塞在一起。“挑战”听起来要比“特定项目成果要求”好多了。另外，“作业完善性管理系统”是啥啊？

◎首字母缩写词——例如 BMO 代表蒙特利尔银行，HP 代表惠普。首字母缩写词会使人们努力去弄清楚其代表的意思，结果反而听不见你要传达的诉求。

避免使用各类行话，你的沟通会更好。

3. 采用交谈的方式

除了上教堂，人们一般都不喜欢听人说教或被人贬抑。如果采用交谈的语气，人们会觉得你更可靠且易于接近。可将演讲、演示或其他发言当作与听众好好对话的机会。

有此认识后，就可以：

◎使用简单的句子，而不是使用大词和长句。

◎使用常见的字眼，措辞质朴最好。

◎加进一些常用的非正式用语——如“别指望一夜成真，但它一定会发生”，或是“我们希望提供更好的服务，简化人们的生活，让大家更紧密地联系起来”。

4. 表现出个人的一面

愈让听众感受到你个人的一面，你就愈具有说服力。建议如下：

◎展示你个人的信念——说“我相信……”“我

确信……”等，用动人的方式展现领导力。

◎让听众参与——在谈话中使用“你们”。以第二人称来称呼听众，这会让他们有参与感，还可号召他们根据你的建议采取行动。

◎与听众同一——说“我们”可以一起完成什么。如“我们一定要看着这个项目成功”可以成为强有力的口号。

5. 要铿锵有力

演说中最常被引用的是美国前总统约翰·肯尼迪的一句话：“所以，我的美国同胞们，不要问你的国家能为你做什么，要问你能为你的国家做什么。”出色的演讲口才一般来自5种修辞技巧的运用：

◎比喻——联系不同的事物。冷战时代的“铁幕”就是一个很好的例子。而白宫新闻秘书迈克·麦柯里也因这句话闻名于世：“我也置身于不予置评区！”

◎对照——联系对立的事物。脸书共同创办人爱德华多·萨维林巧妙地使用对照，他说：“产出下一代伟大产品或构想的是智力资本，而不只是金钱资本。创业家，尤其是技术领域的创业家，会替明天发明一些东西，那是我们今天怎么也想不到的。”

◎双声叠韵——反复使用相同的音韵增强效果。杰克·韦尔奇以英文“S”开头的单词“速度、简单和自信”作为改造通用电气公司的配方。

◎重复——重复使用关键字句。马丁·路德·金博士最著名的演讲提供了最佳例证，他不断重复“我有一个梦想”。

◎反问——丢出一个不需要回答的问题。当史蒂夫·乔布斯推出iPhone时，他问现场的听众：“这是一台iPod，也是一部手机，也是网络通信工具。你们搞懂了吗？这是一台装置。”

6. 要果断

说话无力会削弱领导者的影响力。如果你想领导并激励他人，说话就必须果断，不能模棱两可。要做到这点，可以采用以下方法：

◎避免使用限定性修饰语——“这只是我的意见”。

◎去掉修饰语——“但愿我们能做到这个或那个”。

◎不使用摇摆不定的字眼——“大概”“类似”“可能”。

◎避免使用无意义的字词——“嗯”“啊”“老

实说”“你知道的”等。

◎删除无力的动词表达——“我猜”或“我会觉得”。

◎不要道歉——“不好意思要麻烦你了，但是……”

◎不要自我修正——“我想从我的角度说……”

◎结尾要有力——避免使用“等等”和“类似的事”。

领导者拥有强有力的语言模式，不会说内容空洞的话来削弱自己的权威，你也应该如此。如果你的遣词造句活泼有力，那么你就会给人强势且充满活力的印象，人们便更有可能追随你。

7. 善用数字

作为领导者，在作演示时可以使用以下 6 种技巧，让你的数字充满生机与活力：

◎凑整数——说“70％的用户每天回访”，而不是说“我们的网站每天有 12135231 人次造访”。

◎少用数字——不要一个数字接一个数字，让听众感到不耐烦。除非必要，尽量少用数字，并提供有价值的参考架构。“今年销售有增长并且非常强劲。我们的税前营收创下 1900 万美元新纪录，明年我们会做得更好。”

◎使用类比——把你的数字与常见事物联系起来。“自动提款机技术带来的影响，相当于在不用修新马路的情况下，把一条原本两车道的乡村道路变成了八车道的高速公路。”

◎设计一个情境——借以说明为什么这些数字意义重大。“IBM 公司在销售上领导了市场 100 年——它的历史比其他科技公司长 3～4 倍。对我们来说，这是一个非常明确的差异。”

◎让数字人性化——更容易掌握。“难民不是数字。即使全世界有数百万的难民，他们的身份也不只是难民，他们还是母亲、女儿、父亲、儿子、农民、教师、工程师。”

◎定义你的用词——厘清你的衡量单位。“通用电气公司正在追求六西格玛的质量水准——在每天执行的所有流程中，每 100 万次操作出现的失误将从 3.5 万个（多数公司的平均水准）减少到 4 个以下。”

8. 笑话就免了

纯正的领导者用不着说笑。笑话很容易不小心羞辱到个人或团体，因此很容易造成相反的效果。

记住，领导者的目标是说服而不是娱乐，如果人们把你看成“搞笑一族”，你的诉求就不会被当回事。一定要懂得运用名言、幽默和各种轶事，让你所说的内容变得生动，但要少用笑话。笑话就像地雷，一不留神就会引爆什么。做你最在行的，别把领导力与说笑混为一谈。

四　展现领导者的风范

要影响他人，就要在言谈中注入力量，要利用眼神、适当的手势和正确的语调让你的谈话充满生气。最吸引听众的领导者善于利用自己取得最好的视觉效果，使之传递、体现说话内容。如果你能培养并展现领导者的风范，那么你就能充分影响他人，不论是一对一还是在数百人面前。

当你像领导者一样谈话时，你就能激励听众，让他们将你的想法付诸行动，这是领导者的工作。无论是对一个人还是对数千人讲话，你的目标都应该是影响和启发听众。你要想象麦克风是随时开着的，相机总是对着你，因此你在任何时候都该发挥影响力。要活用脚本，就需要：

（1）关注你的听众——了解他们正遭遇哪些困难。你必须回答这个问题：“我的听众听我演讲有什么好处？”他们来不是要让自己感到无聊，而是希望被感动和受到激励，这正是你在准备演示时应特别注意的。

（2）从你的脚本中找寻能量——在制作演示时无论如何一定要表现得很专业：

◎以扣人心弦的引言，吸引听众的注意力。

◎有个强大的中心诉求，充满热情地去表达。

◎充实你的主要论述，以鲜明的意象展现诉求里的每个要素。

◎提出一个结论，在整场演示中不断重述。

◎以明确的行动号召作结尾。

（3）清楚地传递你的诉求——强调某个关键陈述时，要不时停顿并提高音调。就像演员一样要注入个人的能量并取得戏剧效果。

卓越的演说家很少使用其他视觉辅助工具，以免让人分心。实际上，你应成为自己传递诉求的最佳视觉辅助工具。既然进行一场演示的最终目的是说服听众采取行动，那么就让他们看着你的眼睛，感受你坚定的信念，这是你最大的成功机会。

让你自己成为最佳视觉辅助工具的3个方法是：

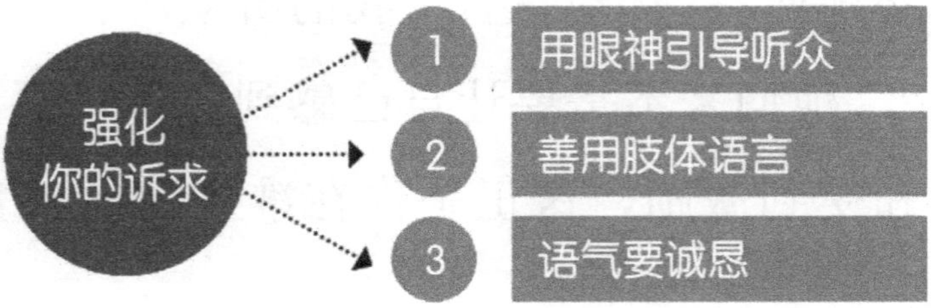

（1）用眼神引导听众——与你想领导或说服的人进行眼神接触。好的眼神接触能与听众建立关系，并让他们专心听你演讲。如果你必须去读准备好的讲稿，可使用“上—下—上”的方法，与听众进行有力、自然的眼神接触：

◎每句话一开始向上看。

◎接着往下看讲稿。

◎读到句末时，再往上看。

另外，还可以在念讲稿时，先低头看笔记上的重点，再抬起头来把那个想法告诉听众，以此建立理想的眼神接触。话说完后，再低头看讲稿找下一个重点。在利用PPT做演示时，这么做尤其重要——一定要让听众觉得，你是在对他们说话并希望与他们建立良好关系，而不只是在讲解幻灯片。

在临时的谈话中，强烈的眼神接触也很重要，一定要用有力的眼神接触发出正确的诉求。高效领导者的眼睛总是炯炯有神。

（2）善用肢体语言——要真诚、开放，不能表现得封闭或矫揉造作。无论你是坐是站，你的肢体语言都必须展现领导者的风范。

站立时要站稳，身体不可摇晃。在谈到当前的问题时，要挺直身体并以手势强调你的关键点。坐着时，要身体挺直并微微前倾。一定要直视听众而不要把头往左或往右倾。要流畅地提出自己的诉求，但也应适时保持沉默。

（3）语气要诚恳——运用声音的力量，让听众专注倾听。语调要有抑扬顿挫，一定不要单调乏味。最要紧的是说话要清楚而且声音洪亮，务必让每个人都听得见。你可以采用以下方法：

◎抓住机会发言，只要一有空当儿便说出你的想法。

◎呼吸自如，即使在备受压力的情况下也要做到。只要深深吸口气便能化解表达内心想法时产生的各种恐惧。

◎声音要够大，让每个人都听得见。

◎口齿清楚，充分展现你音调上的抑扬顿挫。

总之，你应该把每次发言当作发挥领导力的机会。你的心态应该是“我要影响和激励眼前的每位听众——不管有多少人”。

关键思维

发由衷之言，直接诉诸对方的内心。不要讲得太复杂，句子要简短，让每个人都听清楚你说的话。

——西奥多·索伦森

◆当你愿意表现出自己坦率、柔弱、真实的一面时，你的听众便会视你为领袖，追随你。成功的公司领导者、艺术家、诗人、指挥家、创业家、运动员，以及任何能释放内心能量和热情的人都是这么做的。

◆说服听众的最好方法是成为他们关注的焦点。经常使用 PPT 或其他视觉辅助工具的演示者，容易想当然地认为听众边听边看更容易吸收演讲内容，但事实并非如此。视觉画面会抢走听众的注意力。眼睛比耳朵更敏锐，你的视觉辅助工具便成了注目焦点，而你说的话则被听众远远抛诸脑后。

——朱迪斯·汉弗莱

这样说就容易懂

The Art of Explanation

Making Your Ideas，Products，and Services Easier to Understand

原著作者简介

李·勒非弗（Lee Lefever），沟通顾问公司Common Craft创办人之一，也是英特尔、谷歌、Dropbox、福特等顶尖品牌的顾问，协助强化其解说技巧。其公司制作的*Explanations in Plain English*系列视频曾获2011年纽约国际视觉艺术学院传播优秀奖，浏览人次超过5000万，被世界各地的个人和企业采用。

本文编译　叶心岚

主要内容

◉ 主题看板

解说创造惊人机会

人们不会购买自己不了解的东西，因为看不到价值。精辟解说可以让听众了解“为何要在乎你的想法、产品或服务”，并进一步理解你的点子，采取行动。

解说是使事物得以被认识、理解的艺术和过程。虽然我们周遭的世界充满资料和信息，但事实本身可能仍然难以被理解和应用。这就是我们需要解说的原因。

李·勒非弗是著名的沟通专家，擅长以图像、视频来帮助人们了解复杂的事物。他对解说的强大力量深信不疑。他认为，解说可以帮助人们以崭新的视角来看待眼前的事物。

解说是一种解决问题的策略，是可以通过理解、练习而变得熟练的技巧。加强解说技巧，就可以说服更多的人朝我们希望的方向前进，这对我们的职涯发展和达成工作成果都有很大帮助。

轻松读大师

一 计划

成功演示会用让人容易理解的方式包装构想，让更多人跟上正在讨论的话题。换句话说，成功的解说总是能回答“为什么”，帮助人们更清楚地了解你的想法，并按照你所传达的信息采取行动。

想了解解说的含意，不妨先说明解说不是什么。

◎解说不是描述——不是对某件事物枯燥或乏味的说明。描述给的是细节，解说则是要激发行动。

◎解说不是定义——不是纯粹提供某个事物精确的字面意思。定义有时有用，但不一定能提供必要帮助。

◎解说不是一个步骤或一系列指令清单——指

令太过专制，所以无效。解说会帮助人们了解事物为何重要。

◎解说不是阐述细节——让你倾倒所有你知道的关于某个主题、概念、想法、理论的信息。

◎解说不是正式报告——你为某一事件或经历记的流水账。

◎解说不是例证——为了厘清想法而举的例子。

不可否认，解说可能包括描述、定义、例证等，但这些只是解说的要素，而不是解说本身。解说是使某个事物得以被认识、理解的艺术和过程。

要进行一场精辟的解说，就需要共情——愿意站在听众的立场，从听众的角度看事物。精辟解说不会受限于严格的框架，它会采用演示者喜欢的沟通方式和听众喜欢的学习方式。解说会让生硬的材料变得有用、富含信息，而且令人难忘。精辟解说的好处包括：

（1）引起人们关注——促使人们想知道关于该主

题的更多事物。精彩的解说会激发听众的兴趣，并引起注意，让人们从崭新的角度观察早已存在的事物。

（2）降低理解难度——让外行也能一起探索全新主题。精辟解说可以帮助人们作出更有效的决策，因为它能够拓宽人们的视野。

（3）有效包装想法——可以将一堆枯燥的材料与数据转变成更容易理解的内容，并且与听众关心的事情联系起来。精辟解说让人难忘而且着迷。

（4）增强听众信心——提供完备的背景知识，让每个人都可以加入讨论和贡献意见。解说使人们更加了解他们正在讨论的事物，因此能献言献策。

（5）帮助演示者和听众更彻底地了解某个想法——制作和参加一场精辟解说都是学习。

为什么解说如此可贵，还有另一个原因。在大多数领域都存在一种所谓的“知识的诅咒”现象，情形如下：

知识的诅咒
一个人对某个主题或专门领域的知识愈丰富，就愈难以与初学者谈论该领域的事物

成为领域专家的时间愈长，你的思维中就愈倾

向使用：

◎外行几乎无法理解的专业术语。

◎方便你与同领域专家谈论特定主题的首字母缩写词，但其他人对此毫无头绪。

◎对于具备专业知识的人属于基本知识，但对于略懂皮毛的人却是完全陌生的想法、信息和方法。

你甚至不会注意到自己已陷入“知识的诅咒”中。事实上，行业术语能让你以更精确的方式表达新想法，省下时间和金钱，同时也可让你跟产业内人士的关系变得更密切，但其他人却更难跟上你的思维。

“知识的诅咒”也容易导致第二种现象，即出现“解说的难题”：

解说的难题
让人们采纳新事物的最大障碍不在于设计、功能或效益，而是沟通。人们不会购买自己不了解的东因，因为看不到价值

为了应对“知识的诅咒”和“解说的难题”，你必须规划如何找出存在的信息缺口，并设法应对。

最好的方法就是利用解说量尺，依照下述方法想象：

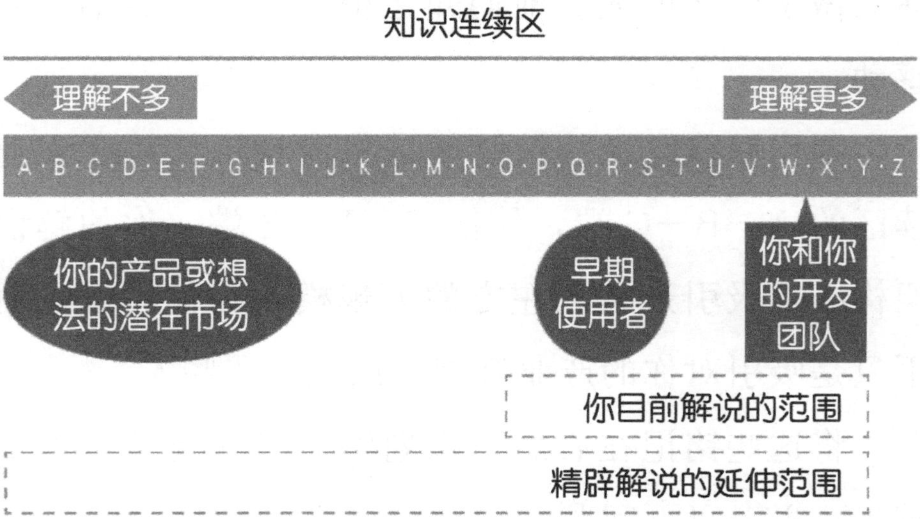

（1）想象从 A 到 Z 的连续区代表对某个主题的已知部分。在连续区的 A—B—C 端，人们对该主题的认识非常少。在另一边的 X—Y—Z 端，每个人都是专家，深刻了解其专业知识。

（2）想象你正在开发一款即将上市的新产品。你和你的开发团队开始研究新产品时，你们逐渐往量尺的右方移动。这是理所当然的事——为了彻底了解产品和技术，你们必须这样做。

（3）你们的产品推出后，早期使用者通常会对你们付出的努力表现出强烈的赏识。这些早期使用者很可能具备足够的背景知识，能够欣赏和珍视你们的开发成果。

(4) 潜在市场的真正使用者是那些根本不了解你们做了什么的人。他们知道得不多，自然不会被感动。

制作精辟解说的精髓便是将潜在市场从知识连续区的 A—B—C 端，移往 X—Y—Z 端。你的解说架构必须吸引连续区左方的大规模潜在使用者，而不只是吸引对你的产业有相当认识的那些人。

将这些铭记在心后，规划解说时就要暂时停下脚步，思考以下问题：

◎我们目前处于某个特定想法的知识连续区的哪个位置？

◎目前人数最多的潜在听众处在连续区的哪个位置？

◎我们假设他们的理解程度有多大？

◎我们目前的解说是为了那些对这个领域已有大量背景知识的人所做的吗？

◎在制作解说时，应该假设听众了解不多，或者没有任何背景知识吗？

◎我们该如何包装解说，让人们向连续区右方移动，到最有可能珍视我们产品的位置？

◎我们该如何满足处于连续区上每个位置的人？

简而言之，规划精辟解说的关键是要弄清楚你该如何回答每个人都会提出或想到的一个问题：“我们为何要在乎这件事？”

关键思维

◆我们将解说视为理所当然。沟通需要解说，以至于我们可能从来没有想过，解说是我们可以改进的一项技能，并且可以用来达成我们的目标。

◆想法很精彩，表达却很差劲，不但展现不出精彩之处，反而要付出巨大代价。我们的想法、产品和服务通常都很不错，但少了有效的解说，我们就推广不开。

——李·勒非弗

二　包装

你可以通过演示将想法和解决方案包装成容易理解的形式。运用解说要素帮助听众建立信心，让他们相信自己事实上正从知识连续区的“理解不多”往“理解更多”的位置上移动。

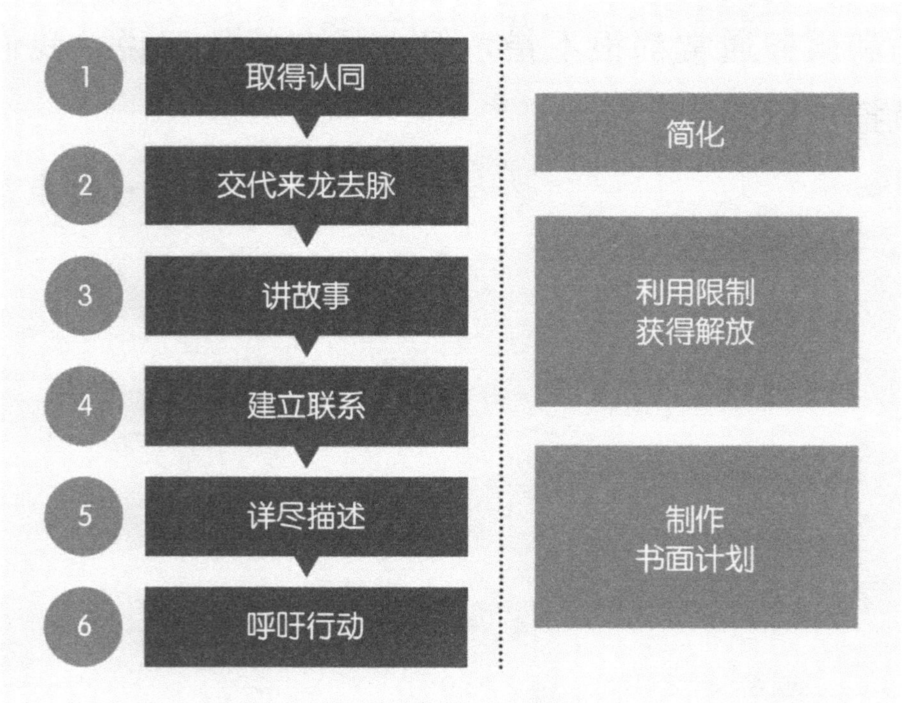

包装你的解说也就是设计表达想法的过程，这时要考虑你的目标听众位于知识连续区的哪个位置。无可否认，每位听众和每个想法都各不相同，因此包装方式也各有独特要求，但每一场精辟解说都需要做到以下 6 点：

（1）取得认同。任何解说的最佳起点都是提出每个人都认同的观点。如果你提出的大方向让每个人都点头称是，那么从一开始你就帮助听众建立了信心，让他们相信自己可以跟上你要说的话。一些好的开场白如下：

◎“我们都同意汽油价格在一直上涨，不是吗？”

◎“我想不会有人否认网络在未来几年内将改变世界。各位同意这个想法吧？”

◎“视频逐渐变成人们喜爱的网络沟通方式。YouTube 网站的惊人成长证实了这个趋势。各位同意吗？”

以让人欣然同意的观点作为开场白，就建立了解说的起点或基础。每个人都能领会你的出发点和你要前进的大致方向。听众会更有信心，相信可以理解你的解说。

好的开场白也为达成共识奠定了基础。你让人们点头称是，接下来的挑战就是如何让他们连连点头。

（2）交代来龙去脉。你先提供整个“森林”的若干信息，接着描述个别“树木”。事情的来龙去脉让人们可以从大局着眼去了解它的重要性。如果你交代得够充分，那么听众就会觉得你所说的非常重要。

记住，你尝试建立的解说架构是要吸引位于知识连续区左方的人。因此，交代来龙去脉的最佳方式通常是：

◎一开始先说明“森林”——你想谈论的远大构想。

◎介绍一个受人喜爱的个人或团体，聚焦于他们遇到的某个问题，即森林里的一棵树。

例如，解说谷歌文件功能的头两个步骤可能是：

“你知道，对大多数人来说，家是我们保存一切必需用品的场所。这个道理不仅适用于我们的财产，也适用于我们的档案文件。愈来愈多的文件依赖电脑而存在。对忙碌的人来说，工作时用一台电脑，在家时使用另一台电脑。你也是这样的吗？

“但这样就会产生一个问题：你在工作时建立一份文件，在家中也要使用该文件，那么该怎样维护资料的机密性？我想告诉你一个方法，可以通过家中电脑或办公室电脑存取同一份文件，而不必发送电子邮件给你自己。更好的是，这个方法不用花你半毛钱。你有兴趣知道吗？”

（3）讲故事。材料和细节提供解说的实质内容，但要传达个中深意，还需要加上动人的故事。故事会交代来龙去脉，让解说对听众产生吸引力。

一个难忘的故事将为解说注入人性化元素。故事会使你的想法变得更有人性，让听众从个人角度去认同故事角色。将故事融入解说，人们就更容易接受你的想法，因为每个人都喜欢听精彩故事。

解说时采用的故事通常依循非常简单的形式，比如：

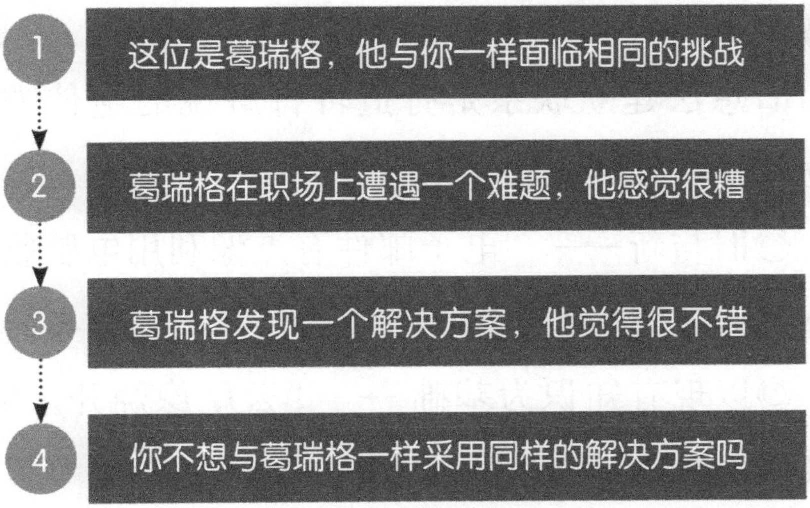

如果故事与听众置身的主流文化相冲突，或是讲述时面临时间限制，那么故事就难以发挥作用。当然，在绝大多数情况下，动人的故事将为你的解说注入生命力。

（4）建立联系。在20世纪70年代，有一个由两位年轻人组成的制片队向好莱坞电影公司推销他们想要拍摄的电影构想。两位年轻人用“太空大白鲨”几个字来描述这个构想。电影大佬们理解他们的想法，并同意拍成电影，这就是后来成为获得奥斯卡金像奖的《异形》。这部电影自1979年上映以来，全球票房已经超过1亿美元。

这个故事完美说明，构思解说时建立联系的力量有多大。如果能将新想法与众所周知的旧想法联系起来，人们就能迅速理解你所说的内容。将新想法与旧想法建立联系是打造可行解说的绝佳方法。建立联系有几种方式：

◎旧与新——“电子邮件有点像利用电脑收信，而不是通过邮局和信箱。”

◎以现有知识为基础——“云就像烧开水时水蒸气从水壶里冒出来的放大版。”

◎类比——“智能手机就像放在口袋里的小电

脑，能够随时随地提供有用信息。”

（5）详尽描述。如果听众已经对你的主题相当了解，那么你要解说的应该是“如何进行”，而不是“为什么”。如果已经了解整个大方向，那么他们想知道的可能就是更详细的战术信息，而不是概括性的信息。

这时，应将你的描述朝处理方式或指示的区块移动，并介绍具体事项和细节。

精辟解说不是按照数字上色的着色画，不会依循精确的格式。要明了解说的意图，并进行详尽描述；要确实交代事情的来龙去脉，建立良好的联系，并学会使用几则简短的故事；要让听众不仅了解如何去做必要的事，而且还知道为什么应该照着你的解说去做。

（6）呼吁行动。在大多数情况下，结束解说并作总结的最佳方法就是发出某种形式的行动呼吁。

针对你已经解说的问题，描述解决方案，然后邀请听众采取行动往前迈进。例如，你可以邀请他们：

◎更进一步了解该主题。

◎联系某个人。

◎填写表格。

◎报名参加课程。

◎试用产品或服务。

◎购买产品或服务。

◎浏览网站。

◎做其他事。

此外，还有 3 个方法可以帮助强化解说的效果：

（1）简化。“知识的诅咒”让你在彻底了解某个主题后，难以向外行描述这个主题。如果你想简化内容，就应该采用以下方法：

◎尽可能使用最基本的语言——抛开任何专业术语。

◎不要假设听众知道什么——要了解他们处于知识连续区的哪个位置。从他们所处的位置着手，而不是从你认为他们可能或应该在的位置。

◎一开始总是先拉远来看——描述你想得到的最大视野，提出大格局的展望。

◎聚焦于远大构想——不要落入细枝末节或例外状况。

◎谈到全新话题时，提供充分信息以赢得理解。

◎让你的想法和听众熟悉的事物联系起来——大量使用类比。

（2）利用限制获得解放。构思解说时，有限制是好事。限制可以避免让你面对过多选项而无所适从；限制也会帮助你建立信心，相信自己作出正确的选择。因此，在你开始构思解说之前，先暂停一下，思考你需要面对的限制。这些限制可能包括：

◎时间表——在特定日期之前，你必须完成解说，作好演示准备。

◎时间长度——你可以使用多长时间解说你的想法。

◎地点——你要在哪里陈述你的想法。

◎形式——你要如何提出解说。

◎构想的数量——在可用时间内，你能解说多少想法。

◎语言——你能否使用目标听众了解的术语。

（3）制作书面计划。构思解说时，将思路记录下来是合乎逻辑且必要的步骤。在把想法付诸文字前，人们很容易三心二意，遗漏关键要素。如果你渴望提出有效的解说，就必须习惯于在纸上记录你的思路。

虽然每个人有自己的做事方式，但依照以下顺序制作书面解说是不错的方法：

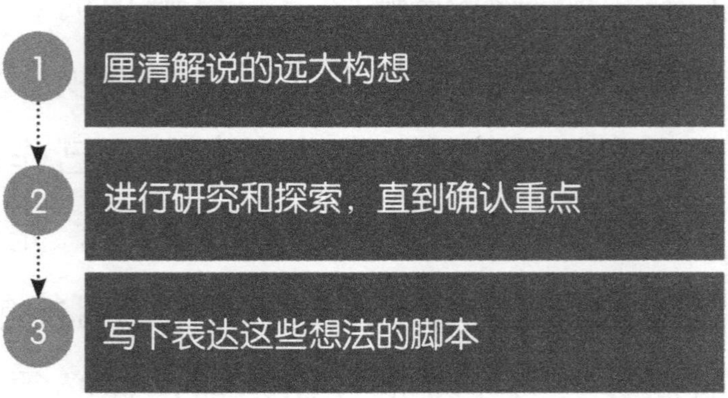

◎远大构想——在确认你想达到的目标之前，什么事都不要做。找出你想解决的难题、想传达的远大构想，或者想达成的其他目标。想清楚为什么你要面对这一切麻烦。

◎研究——找出你想以更容易理解的方式重新包装的材料。看看过去人们如何说明这些想法，思考有没有更好的解说方式。想想你的解说要如何才能更深入。

◎编写脚本——把你的伟大解决方案里涵盖的每个要素都写下来。首先，你可以列出可供选取的选项以及听起来大有可为的构想。先提出概括性内容，再进入更具体的部分，记住第一要务是让听众了解你在说什么。持续努力——这个过程通常要打好几遍草稿，才能得到理想版本。一旦备妥基本要素，你就能加以润饰和调整了。完成这件事的方法没有任何对错之分，关键是要持续努力直到你写出听起来还不错的内容为止。

关键思维

◆事情的来龙去脉很重要。我们的想法或许有用、可执行且内容扎实，但没有背景信息就会有局限。如果想法缺乏根据，或与其他想法毫无关联，那么就会变得孤立无援，它的可能性也会受到限制。

◆解说想法时，我们常常忘记交代事情的来龙去脉。要花时间交代来龙去脉，先谈论“森林”，然后才是“树木”。只要处理适当，专家和初学者都可以从全新的角度看你的想法。

◆关键是要聚焦于人们已经知道的想法，再以此为基础展开解说。如果我们能通过建立联系增强听众的信心，让他们相信事情很容易理解，我们就能邀请他们采取更多步骤。这就像“你知道X吧？而Y就跟它一样，因此……”

◆打造精辟解说的秘诀不在于采用正确配方，而在于学会辨识人们为何无法理解某个想法，并提出解决问题的脚本。

◆有限制才能获得解放听起来似乎很矛盾，但我认为这是真实的。唯有考虑特定情境下的限制，才能找出理想的组合条件，达到我们想要的效果。通常就是通过时间长度、语言、听众和形式的限制，我们才发现新的想法和机会，我们的解说才格外出色。

——李·勒非弗

三 演示

解说不是用来摆在架上生尘的——只有在使用和分享时其真正价值才会展现。要让解说发挥作用，就必须适当地运用媒介、演示和传播。关键在于要让你的解说满足目标听众的需求，从而“一飞冲天”。

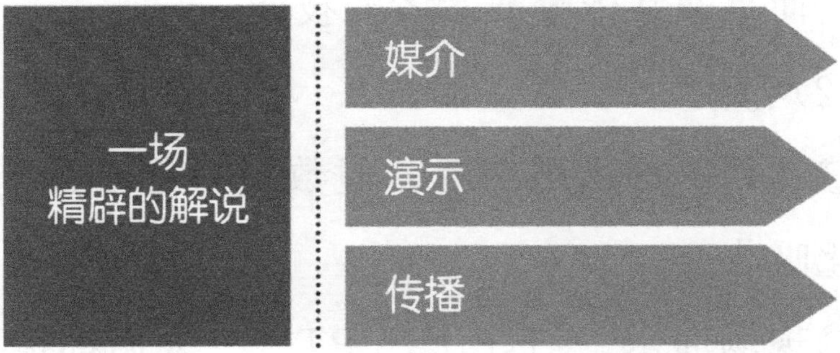

要发挥解说的最大作用，就必须审慎评估该采取什么方式向目标听众提出解说。目前可供选择的演示方法很多，你必须确保你所采用的演示模式最符合你想达成的目的，同时运用媒介、演示和传播。

（1）媒介。

◎文字——写一篇涵盖解说内容的文章。这种模式最适合想要细节的目标听众，但是对于不太想阅读的人就毫无作用。

◎图像、信息图表——让信息变得容易消化很不错，但制作图像并不容易。

◎声音——随时随地可以收听很不错，但制作不易，而且不能随意选取想听的那部分内容。

◎视频——像 YouTube 网站上的视频。颇引人注目但是制作成本高，而且听众需要有适当设备才能观看。

◎现场演示——具有高度吸引力，但听众人数有限，而且非常依赖演示者的技能。

（2）演示。

◎文件——运用广泛，但数量可能多到让人难以消化吸收。

◎现场演示、幻灯片、PPT——人们都很熟悉，如果使用不当则可能让人感到枯燥乏味。

◎网站——不错的方法，但目标人群必须有网络和浏览设备才能观看。

◎网络研讨会——最适合做远程演示，但很难达到专业水准。

◎视频组合包——非常不错的选择，具有令人难忘的潜力，但制作成本高。

◎网站栏目内容——适用于平板电脑和智能手机，但制作也很困难。

（3）传播。

当你亲自进行演示时，一旦演示结束，你的解说也告一段落。如果你录下解说，就能让更多潜在听众一遍又一遍地分享。如果你把解说制成 PPT 上传到网络上，那么其他人也能浏览，从而大幅扩大你的接触范围。

任何解说在使用的媒介、选择的演示方式，以及解说的后续传播方式上都存在大量选项。没有通用的选项可以满足所有潜在听众的需求。幸好当你进行演示时，会有一些限制来帮助你作出选择。

构思、呈现精辟解说，你必须经历的思考过程大致如下：

◎设定你的目标——思考你构思解说的原因，以及你希望达成的目标。

◎注意知识连续区——确定听众所在位置以及你在解说时必须涵盖的范围。

◎了解你必须面对的限制——根据目标听众、可用资源以及可用的特定传播渠道，决定你的最佳发表模式。

◎构思你的解说——整合以上所有要素。

完成以上 4 个思考步骤后，唯一剩下的工作就是发表你的解说，期待付出的努力得到回报。制作及发表解说时，要切记以下重点：

（1）一开始就要明确表达你的意图——让人们了解事情的来龙去脉，并知晓其中意义。你使用的标题是让听众做好准备和设定期望的第一次机会。如果你的解说标题是“健康保险新选择——3 分钟讲清楚”，那么它将比平铺直叙的“公司员工应该了解的健康保险计划”更引人注目。

（2）解决问题——制作一个应对人们忧虑事项的解说。每个人对于跟不上最新变化都会感到焦虑。如果你持续把这件事做好，人们就会想要更多。

（3）保持简短——研究显示 4 分钟以内的视频通常最受欢迎。要让解说简明扼要，必须聚焦于少数想法。告诉自己只有 3 分钟时间来让听众从不感兴趣到产生兴趣，因此你得加快步伐。

（4）减少干扰——在视觉上不要太杂乱。利用干净的设计，让听众觉得你的信息容易亲近，而且很简单。

（5）使用视觉辅助工具——许多人基本上依赖视觉学习。解释文字时整合简单的图表，你的解说会更生动。适当的视觉图像能使解说更引人注目而且难忘。图像可以驱动大脑的两侧（理性与感性）同时运作，吸引你的听众，而这正是你想要达到的目的。

（6）拥抱和接受你的不完美——你也是人。不完美也会让你显得更重视实质内容和理解，而非徒有其表。对于你的听众而言，这是令人耳目一新的坦率表现。

（7）放慢速度——始终保持缓慢速度可以吸引更多人关注。如果你以英语进行解说，而对许多听众来说英语是第二语言，因此更要特别留意。

（8）保持时效性——在解说中使用的元素必须在未来几年仍然可用。如果你在解说中引用当前事件，一旦舆论焦点转移，那么你的解说就会让人觉得过时。把焦点放在远大构想和耐得住时间考验的议题上，而不是当前事件，那么你的解说会更经久耐用。

（9）容易接触到——让你的解说可以通过各种媒介接触到。有些人可能在运用你选择的第一媒介时遇到困难，要让所有人都能接触到你的解说。

（10）放轻松——适度的幽默和不拘小节可以让解说脱颖而出。许多企业的解说枯燥得令人难以置信。如果你能够注入一些出乎意料的有趣因素，人们会露出笑容，并且记住你的解说。

在当今世界，由于种种原因，解说的艺术已经几乎被人遗忘。这不算坏事，因为这正是你向前迈进的机会。即使只是停下脚步，重新思考如何改善你的解说方式，你都可能拓展你的工作机会和选项，把你的事业往前推进。

不可否认的是，在各个领域都需要有人让复杂的世界变得容易理解。如果能加强解说的技巧，你就可能成为你所属产业或专业的非官方大使。请确保你已经为此新机会做好了万全准备。

关键思维

◆解说不能单独存在。只有巧妙宣传和分享，解说才能发挥威力。要解决问题，就必须走出幕后，以满足听众需求的形式出现。解说如果呈现方法拙劣，就会失去价值。

◆我想生活在一个解说得更清楚的世界。世界愈变愈复杂，解说的需求也随之增加，以解说为第一要务的人也因此拥有惊人的机会。重视解说的人愈多，我们就愈能展现解说的强大威力。

◆我希望各领域的专业人士都能了解解说的方式和功能，不仅会使用解说，还会要求解说。我希望公司的产品经理在开会时会站起来说：“这需要解说。”我希望高中老师会把教科书上的内容加以包装，为班上的学生进行解说。我希望你成为这样的人——一个解说专家。

——李·勒非弗

说动全世界

Pitch Perfect

How to Say It Right the First Time, Every Time

原著作者简介

比尔·麦高文(Bill McGowan)，媒体培训公司克莱瑞提媒体集团创办人及CEO，也是两届艾美奖得主。曾经在美国的哥伦比亚广播公司、美国广播公司、福克斯电视台工作，担任电视出镜记者、电视节目制作人、编辑，拥有逾25年媒体经验。曾进行过数百场访谈，也在LinkedIn、Facebook、金宝汤公司、CNBC、时代公司、辉瑞制药等公司担任媒体培训专家。毕业于美国福坦莫大学。

本文编译 叶心岚

主要内容

轻松读大师

一　迷人的标题

一开始一定要用引人深思的标题来表达你的最佳点子，要让人们立刻想知道更多。不要卖关子、抄袭他人或诉诸陈词滥调。以简单扼要、令人信服的说明来开场。

有比一开口就道歉更糟的推销词吗？比如：

◎“早安。我知道现在很早，每个人昨晚都出门狂欢到深夜，但请各位尽最大努力，睁开蒙眬双眼听我说。”

◎“好的，我知道今天整个上午很漫长，这是午休之前的最后一个演示。我只需要花各位一点点时间。”

◎“嗨，我知道你刚吃完丰盛的午餐，想要睡个午觉。我保证我会努力说得精彩生动，让你保持清醒。”

◎“午安。我知道这个时段很难专心工作，因为下午三四点正好是人昏昏欲睡的时候。嗯，我会尽最大努力让你忘记你现在可能非常渴望补充点儿甜食的事情。”

◎“真是漫长的一天，我的演示是挡在你和快乐时光之间的唯一障碍，但我只想很快带你浏览几个关键点。”

说出这些话的人到底在想什么呢？最糟糕的开场白就是任何形式的道歉，即使只是暗示对方可能宁愿去其他地方或做其他事情也不妥当。

每次演示时，你都应该以你最棒、最强的点子来开场。记者写新闻时也是如此。他们把最关键的要点放在标题上，所以没有人会错过。你也应该这么做。将你最精彩的想法放在前面正中央，抓住人们的注意力。

那么电视记者究竟是怎么做的呢？非常简单——在新闻一开始就做出大胆而且肯定（或预告式）的说明，接着讨论几个简短的补充要点。

几个范例：

◎“圣诞期间的纽约拥有令人难以置信的魔力。我不知道为了工作忙得团团转的各位，有多少人注意到。那天圣诞树亮起时，我穿越市区，真的觉得那是魔法。你们也一定感受到了同样的魔法吧？”

◎“嗨，我是史蒂夫·乔布斯。现在是 1958 年。IBM 放弃机会，拒绝并购一家发明‘静电印刷术’新技术的刚起步的公司。”

◎“在这点上每年的调查都有惊人的一致，那就是人们都同意，比起其他任何恐惧，人生中有 3 件事最让人吓破胆：第一是死亡，第三是飞行，而处在两者之间，经常使充满自信的杰出人士变成胆小鬼的事情就是公开演说。但过了今天，你必须找其他事情来烦恼了。我要告诉你进行一场完美公开演说的诀窍，你会让公开演说成为你的资产，而不是负债。”

如你所见，好的预告通常具备三个特点：

（1）简短——通常只要一两句话就足够。

（2）令人产生强烈兴趣——大胆发言，让人们思考“这是什么意思”。

（3）出人意料——告诉听众他们还不知道的

事情。

只要一点儿想法和思考，你就可能找到引人入胜和令人难忘的方式，将你自己的素材变成内容充实的预告和几个让人信服的补充要点。你也可以用类比方式作开场白，再引导出引人入胜的趣闻轶事，比如：

◎“公开演说很像打高尔夫球。你以为自己已经掌握窍门、终于上手的那一刻，却意外出现让你感觉挫败的状况。我经历了艰辛的过程才学到这个教训，最近还会想起我在演说当中出现的难堪状况。以下是当时的事发经过。我……”

◎“前几天，我碰见一件很好笑的事情。这件事真的太超出常理，你绝对不会相信的。我……”

◎“各位女士、先生，我们等待今天已经很久了。现在，我们有机会让我们的品牌营收跨过10亿美元的神奇大关。让我告诉各位我们是如何达成目标的。首先，若干年前……”

在重要会议之前，可先在非正式场合测试你的标题。先在你的家人和朋友面前尝试，看看是否引起注意。如果连你所在产业以外的人都被你的标题吸引，那将是相当不错的征兆。

二　生动的画面

可将画面嵌入你说话的内容当中，以此来吸引听众的注意。用你的话精心打造引人入胜的故事，让人们仔细聆听。要像导演一样，执导一部在听众脑海里上映的故事片。

要进行一场卓越的演示，就想象自己是电影导演吧。试着编写剧本，用引人注目的视觉图像来描述你的重点。你的故事愈生动，你的听众就愈容易记住，而且愈会专心聆听。

那么一个精彩故事的组成成分是什么呢？好莱坞对此了若指掌，因此我们不必自己重新来想。它由架构、正文、陈述、退场 4 个要素组成。

这 4 个要素结合在一起，可以让枯燥的事实变成让人难以忘怀的故事，因此更具影响力。例如：

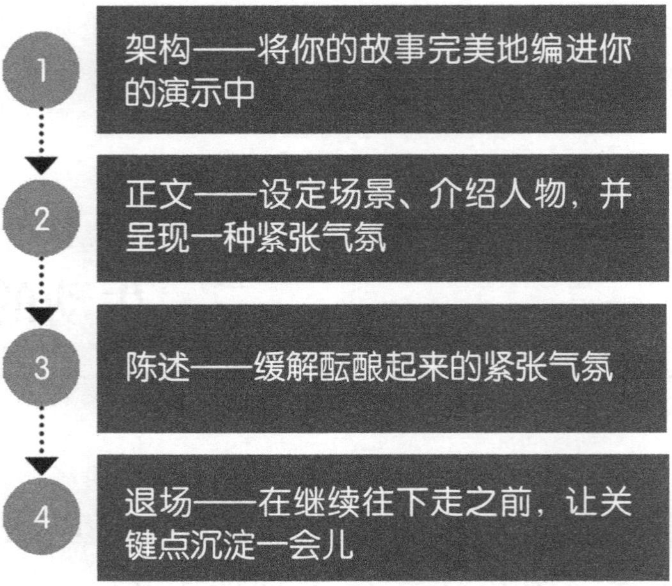

◎调整前：如果从短期角度观察巴西这个国家，你会认为巴西已经从货币巨幅波动的恶性通货膨胀国家转型为稳定成长的国家。

◎调整后：你是否还记得 30 年前巴西的景象？人们将突然变得毫无价值的一袋袋钞票放上手推车送到当地银行，去换政府那个星期刚发行、只够塞满一个皮夹的新钞……当时的通货膨胀就是这么糟糕。简直就像带着一打破烂的晚礼服出现在女装店，希望能交换一件新的礼服。

在大多数演示中，如何找出实际可行的方式，将枯燥的统计数字和资料转变成视觉图像和精彩故事是一大挑战。此时类比就能施展魔法，例如：

◎“我们已经将这家厂房的效率提高30%——就像迈克尔·菲尔普斯的400米游泳成绩整整缩短1分钟一样。”

◎“每年约有5.6万名女性死于心脏病。想象任何大城市的普通棒球场，因心脏病而丧命的人将塞满其中任何一座。”

◎“我们的财务软件部门已经停止亏损。过去几个月来平均赤字约30万美元，这就像法拉利经销商每个月让顾客试驾一辆经典旗舰车特斯塔罗莎，然后再也不会开回来一样。这样的事情绝对不能再次发生。”

类比不仅更容易引起注意，还可以将你的资料和背景结合起来。你的声调也有助于传递信息，提供更多沟通内容的线索。

另外要铭记在心的是，不要在重要演示过程中再调整你的故事。你应该先在影响不大的场合测试你的故事点子，比如在餐桌上，或员工会议上。要先在友善的环境下解决所有难题，为黄金时段的演示做好准备。

让故事更精彩的其他秘诀包括：

◎当发现听众开始出现不专心的迹象时，要立刻作出调整。无论何时何地，你都应该在必要时缩短正文部分的内容。

◎改变声调为内容带来戏剧化效果。史蒂夫·乔布斯在介绍 iPad 时，为强调苹果公司优于竞争者，他先描述苹果是一家年营收 500 亿美元的公司，接着说，“苹果是排名第一……的移动设备公司”，然后他暂停一下，压低音量如轻声耳语般说道，“……在这个世界上”。声调变化可为剧情起到锦上添花的效果。

◎了解你的听众。把握他们什么时候需要更多信息，什么时候信息已经足够。有疑虑时，以简洁扼要为上。

◎对话题投注热情。如果你觉得无聊，你的听众肯定也是如此。

◎不要假设每位听众都和你有相同的想法。绝对不要涉及性、政治或宗教的话题。

◎持续修改故事直到顺畅为止。删除不重要的材料，去掉会让人分心的任何内容。如果你说错了，千万不要在一句话当中改正自己的错误。让演说继续下去。

三　言简意赅

将你的信息“熬煮”浓缩成内涵丰富但简短的几个要点。有疑虑就删除，提醒自己如果人们想要了解更多，他们会要求再来一场。

一流大厨懂得少就是多、愈简单愈好的道理。他们从经验中学到，熬汤浓缩后得到的是更丰富多变的味道。而加入赘字撑大内容量的做法就像汤汁掺水一样，你最后只得到平淡无味的东西，演示的内容可能完全被遗忘。

话说太长的原因通常如下：

◎总是觉得话说得愈详尽，愈能够说服人。

◎以为要看起来聪明，就必须说很多话。

◎觉得必须把分配给他们的时间全部用完。

◎没有灵活地处理被听众打断说话的情形，因此进度落后。

◎觉得必须好好利用哪里也去不了的听众。

如果你真的渴望被同事视为重要的一员，就应该养成习惯，总是将信息“熬煮”、浓缩。要注意，你必须非常努力才能达到凝练的程度。这需要练习和克制，但成果可能非常惊人。

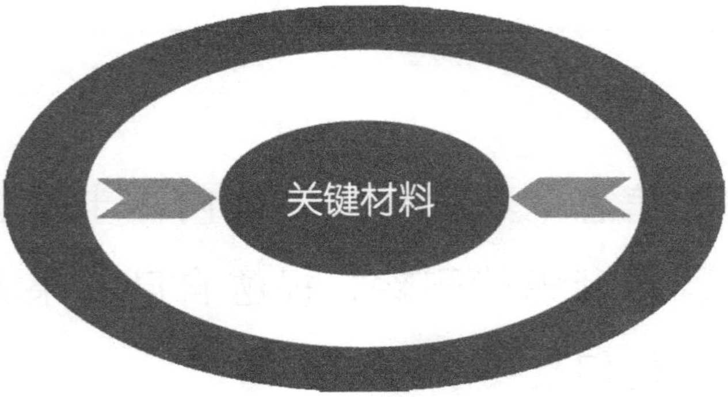

那么如何学习将你的信息浓缩成简洁的发言？有几个方法你可以尝试看看：

（1）将演示的开头和结尾背得滚瓜烂熟——使你的演示具有确定性和说服力。这样你可以顺利完成开场部分，并直奔你的最终目的地。

（2）总是从中间“开刀”——从头到尾审视一遍你的演示稿。如果有5个要点，就删去第三点和第四点。保留原来的标题、开场白和有力的结尾，但以更快的速度讲述支持材料。大部分演示稿在删掉约25%的内容后，都能获得显著改善。

（3）使用绝妙的标题——立刻进入重点。缓慢铺陈和大规模的陈述冗长而乏味，应避免。

（4）练习、练习，再练习——计算你的演示时间，一直浓缩到只剩下精华为止。

（5）演示时不要讲出有几个要点——要保留弹性，以便在听众开始不专心时缩短演示。此外，万一你记不住所有想要表达的要点，也可避免尴尬。

（6）让听众到最后还想听到更多——不要总结你刚刚说的内容。你可以再次陈述你的标题后就坐下来。听众喜欢简短的结尾，要让你的要点在他们的脑海中盘旋不去。

进行演示时，在听众的注意力下降前，你其实只有大约 18 分钟时间。计算你传达信息所需的时间，要保持在 18 分钟内。你也可以将演示分成 3～5 分钟一段，这样在听众失去兴趣之前，你就能转移到新的主题。

在讨论会上也要小心。先提出有力论点，再引用例子说明，然后就让出讲台给其他人。霸占麦克风会引起反感。

向新顾客推销时，言简意赅的原则也适用。要了解顾客为了达成目标最需要的是什么，然后告诉他们一个实际案例，那是你曾向需要的顾客提供的。

这应该是你推销提案的全部内容，要简明扼要。在招揽新业务时，可尝试将推销提案缩短成 4 句话：

◎对于您的挑战，我们最近处理过相同案例。

◎选择我们将会有好的成果。

◎如果有需要，我们很乐于立刻提供帮助。

◎您的需求正是我们擅长的领域。

关键思维

精彩演说要像女人的裙子：长到足以涵盖主题，短到足以引起兴趣。

——丘吉尔

保持沉默让大家以为你是傻子，比开口说话让大家确信你是傻子要好得多。

——林肯

要三思而后言，因为你说的话，将在听众心中种下成功或失败的种子。

——拿破仑·希尔

虽然这些方法重要而且放之四海皆准，但知道的人却不多，了解如何运用的人更少。这些方法可能正好跟我们的直觉相反，例如，你说得愈少，人们听见和记住的就愈多。我保证你很快就会期待紧张的时刻出现，而不是害怕面对它们，你甚至会有兴奋的感觉。学会说服，就可能轻松赢得顾客，搞定工作面试，甚至发表你这辈子最棒的演说。

——比尔·麦高文

四　想好了再说

放慢说话速度，只有在你确切知道需要说什么时才加快速度。如果你很容易脱口说出脑中浮现的事情，就要刻意字斟句酌。避免想到什么就说什么，消除“嗯”“你知道的”之类的废话。

2010 年墨西哥湾漏油事件发生后，英国石油公司 CEO 海沃德召开记者会，陈述公司的官方声明。由于记者会进展顺利，他信心倍增，于是决定多说几句话：“没有人比我更希望这件事告一段落。你知道的，我希望恢复正常的生活。”

海沃德犯下了灾难性错误，以至于电视台一再重复播放他的这一说话片段。几个月后，海沃德被迫离开英国石油公司。这就是说太多话的下场——嘴巴动得比大脑快时，很容易带来口舌之灾。

在以下情形就比较容易信口发言：

◎当你处于防守一方时。

◎当你对结果感到焦虑时。

◎当对话突然陷入冷场，你感到不自在时。

◎当你想让自己看起来很聪明时。

◎当你模仿对方行动却落败时。

◎当你害怕输给竞争对手时。

另一方面，三思而后言具有以下优点：

◎人们会注意听你说话，因为你让他们有时间消化你所说的。

◎人们会认为你有自信，因为你从容不迫地发言，而不是信口开河。

◎你不会在表达某个想法时中途还在斟酌用词。

◎你看起来更投入、更有说服力而且更真诚。

◎你在对话中更能避免废话，如“无论如何”“你知道我的意思”“告诉你实际情形”“其实”“你知道的”“反正”等。

那么要怎么做才能养成三思而后言的习惯呢？可以先录下自己说的话。用手机、网络摄像机或平板电脑录下自己发表的推销词，或是你和听众之间的对话。播放视频片段，记下你说的废话，以及出现思维不连贯的频率。这些视频将让你切实了解自己的说话习惯。

为了改善你的表达，你可以：

◎选择运用不同的节奏——在说明熟悉的内容时，加快说话速度；在强调重点或者解释不熟悉的内容时，放慢说话速度。

◎回答问题时排除专业术语——保持冷静，清楚说明。始终以简单的方式说明。

◎养成有疑虑时停止说话的习惯——以免说出后来必须收回的话。观察经验丰富的政治家，你会发现他们会在演说时停顿，以确定接下来的用字遣词是最佳选择。你也应该很自在地这么做。

◎专注于你真正想说的事——而不是听众所想的事。如果太在意听众的关注程度，你的注意力就会被削弱。专心陈述你已经准备好的要点即可。

简单来说，多听少说会让你更有说服力。倾听对方说话，对方会觉得自己受到尊重、接纳。专注聆听在今日难得一见，如果你这么做，你绝对会脱颖而出。

关键思维

没有任何语言比适当的停顿更有用。

——马克·吐温

你有而别人没有的一样东西，就是你自己——你的声音、你的心思、你的故事、你的观点。就像只有你才能做到一般，去写作，去画画，去创造，去玩乐，去跳舞和生活吧。

——尼尔·盖曼

如果口才可以在纽约证券交易所挂牌上市，那么每位华尔街分析师都会下单买进，因为它的价值会不断上涨，投资这只股票会获得愈来愈多的股利。不论在家里还是在工作单位，卓越的沟通技巧都是你吸引他人注意力，提出具有说服力的观点，被人记住以及看起来聪明自信的法宝。

——比尔·麦高文

五　展现把握

要通过你的用词、眼神、姿势和语调，传递你对谈话内容的信心。

当你分享信息时，要表现出百分之百的信心。为此，你可以从3方面着手：

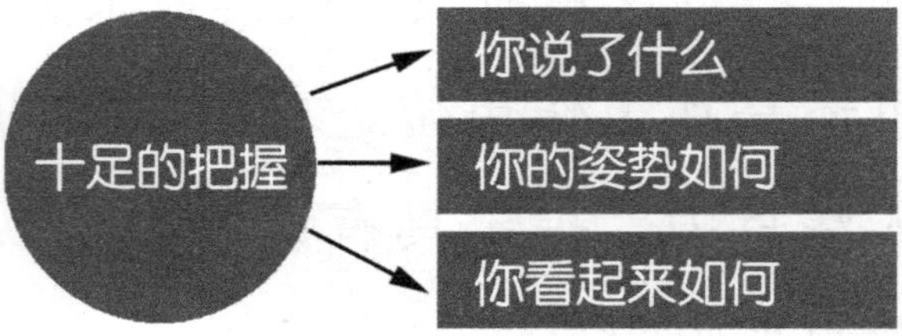

（1）对你所说的内容表现出十足的把握——你必须排除不确定的表达，如“有一点”“有几分”“我觉得”，甚至包括“让我赶快”。所有这些表达会让你听起来不投入和不热衷。同样，如果你用“你可能不会喜欢这个，但……”之类的句子，就可能真的应验，结果让你沮丧。说出“我只会占用你两分钟时间”之类的谎言，你会被当成骗子。使用以下句子效果会好得多：

◎“我知道你很忙，所以我会直接说重点。”

◎“这是我们心里所想的。”

◎“这是很棒的点子，因为……”

◎“这是我们第一季度达成的成果概况。”

(2) 你的姿势传递出十足的把握——记住，你在发言时怎么站，做出怎样的手势非常重要。推销时的适当姿势如下：

◎站直身子。

◎抬头挺胸。

◎手臂弯曲成直角。

◎双手在皮带扣旁交握。

◎重心稍微前倾，以脚趾支撑。

◎使用适当手势。

◎如果你坐在桌前，将肘部放在桌上。

◎总是往前坐，显示警觉。

(3) 你的穿着打扮传递出十足的把握——必须是成功的装扮。严格要求你的口腔卫生；男士必须随身携带电动剃须刀，要绝对避免在傍晚或晚间活动时出现可怕的胡茬儿；要选择专业、高品质的服装，展现信心和决心。

另外，还要以聪明的方法克服常见的演说前恐慌症，确保在演说时传递出十足的把握。在大型演讲或演示前，为了舒缓紧张，你可以：

◎一次次反复练习你的开场白——直到背得滚瓜烂熟为止。演说的前两分钟通常是最紧张的时刻，所以不要心存侥幸。强有力、充满自信的开场白将快速提升你的信心和表达准确性。

◎注意演说前吃的东西——不要喝续杯咖啡，它会让你紧张不安。如果你需要提神，可以吃片水果。

◎尝试在演示当天上午溜去健身——站在讲台上时，你会觉得放松，体能状态良好。有氧运动最适合赶走任何累积的压力。

◎提前抵达会场——熟悉环境，感受演讲厅和舞台的气氛。试用音响系统，确认你的声音听起来如何。如果可能，事先和几个听众交谈，这样你就能在听众席上认出几张熟悉的面孔。这会使你更有把握，更有自信。

◎热身——大声说出你的演示内容，即使在前往会场的出租车上也这么做。

◎想象成功——想象听众仔细聆听你说的每个词。想象听众热爱你说的内容，努力朝目标迈进。

◎当你走向讲台时，不要忘记吸气——在你开始讲话之前，暂停，做个深呼吸，再开始发表你已经充分排练过的开场白。这么做也有利于消除你声音的颤抖。

◎放慢速度——集中精力控制好说话的节奏。你会不自觉地想加快速度，让演说尽快结束。刻意控制你的说话速度，克服这个问题。

◎将你的演说大纲写在 5×8 cm 大小的卡片上——偶尔瞥一眼，提醒自己接下来该说什么。

关键思维

◆就像你绝对不会在没有完成具体设计方案前盖房或造车一样，你也不应该在拟定详细的讲话内容之前，贸然在公开场合发表演说。当然，也不要过度练习你的演讲，否则听起来可能像在背书，也很呆板。你愈逐字逐句地宣读演讲稿，你就离自己的话语愈远。要留点空间以随机应变。

◆假装你是随时寻找故事题材的小说家。在口袋或手提袋里放一个笔记本。当有趣的事件或对话发生时，拿笔记下来。如果不这么做，我保证你会忘记。

——比尔·麦高文

六　充满好奇

进行访谈时，要表现出对对方真的很感兴趣，以赢得信赖。清楚明白地向对方传递这样的信息：除了这儿你哪儿也不想去，除了对方你不想跟任何人说话。向对方提问，不要诱骗或让对方感到不舒服。

让演示变精彩的关键要素就是好奇心。如果没有好奇心，你的演示就会既无趣又单调。拥有好奇心的优点如下：

◎你将有能力和重要人士对话并持续下去。好奇心会激发重要对话，同时供应必要的“燃料”。

◎对方会觉得受宠若惊，因为他们得到你全心全意的关注。这将为你增加魅力分数。

◎你会对对方有所了解，将来在识人方面更拿手。

◎对竞争者所说的内容表现出兴趣，你将因此脱颖而出。

口才好的人绝对是特别优秀的聆听者，这需要具备以下要素：

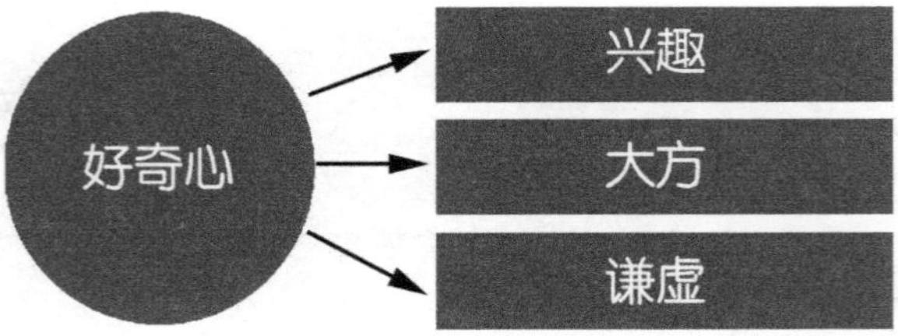

◎兴趣——你必须留意并且热衷他人谈论的话题。及时提问题，你会得到深刻的见解。

◎大方——你必须乐于谈论对方感兴趣的话题，询问他们的意见，而不是自己说个不停。

◎谦虚——你坐下来等对方问你问题，而不是滔滔不绝地谈论自己，这样对话将进展得更顺利。

好奇心会让你学会聆听，从而得到对方的重要信息，将来你就可以利用这些信息影响他们。当你将影响力和你增长的识人能力结合起来，你就更有能力说服他人。

展现好奇心还要注意你说话时的面部表情。如果你皱眉头或脸上没有任何表情，就无法鼓励对方告诉你更多信息。展现好奇心的最佳方法就是运用你的"最佳友人表情"。

最佳友人表情是当你聆听你最好的朋友讲精彩故事时你脸上浮现出的表情，有点像 1/4 的微笑，再加上眼神接触。当你用最佳友人表情听人讲话时，你会得到以下好处：

◎你看起来诚实、关切而且友善。

◎如果你在服务业工作，将很容易得到小费。

◎你让他人感觉良好，因此他们将来更可能跟你再次联络。

◎你看起来相当讨喜。

◎你会看起来更年轻。

如果你上电视接受采访，最重要的就是要面带最佳友人表情。此外还有其他几个秘诀：

◎身体稍微往前倾，做出积极参与的姿势。

◎不要因为后台有动静而分心，要专心和主持人说话，不要左顾右盼。

◎用兴奋的口吻分享你的信息。如果你对自己的话题都不感到兴奋，你的听众怎么可能提得起劲呢？用你的热情感染他们。

◎保持热忱而且多多微笑，即使被问到不喜欢的问题。微笑不只为你的声音带来更温暖的感觉，还能让你更投入对话。

◎听清楚对方提出的问题。寻找将问题改变成更好话题的机会并抓住。回答任何问题时，以简短的宣告式声明起头，如“我认为……”“我希望……”等。

◎用第一人称说很多关于自己的迷人故事。这些故事在电视上效果很好。

关键思维

智慧是你在宁愿开口说话时却选择倾听得到的终身奖赏。

——道格·拉森

◆在每个人都不停地说话的企业环境里，怀着好奇心聆听的人最引人注目。

◆不要只在事关重大的场合才展现你的好奇心与对话风格。在晚餐桌上、在机场、在看孩子踢足球的球场边，都要多多练习。时时磨炼你的技艺，运用最佳友人表情，再提出好奇的问题，你就能让任何对话顺利进行。

——比尔·麦高文

七 发挥你的强项

如果你不喜欢正在进行的讨论或谈话，不妨改变话题。谈话的内容和重点一定要是你的强项，如果谈话偏离那个方向，便以不着痕迹、机灵的方式拉回来。

没有比在对话中被想要谈论无聊琐事的人抢走话题控制权更糟的事情了。为了展现说服力，你必须培养在必要时巧妙改变话题，引导对话朝你期望的方向发展的能力。

那么要怎么做才不会让其他人觉得被你抢走话题控制权呢？以下是几个建议：

（1）事先针对采访者做功课——试着了解他们的心态。检视他们早先的访谈，熟悉他们的风格。试着猜想他们可能提出的问题类型。

（2）从他们一开始提问就全神贯注——在他们

说完整句话之前便开始拟定你的应答。等他们全部说完才开始思考你要怎么回答是一大错误。提早确认问题的方向，思索你的答案。

（3）以完美推销法构建你的应答——针对他们提出的问题，你的答案要从以下 3 方面着手：

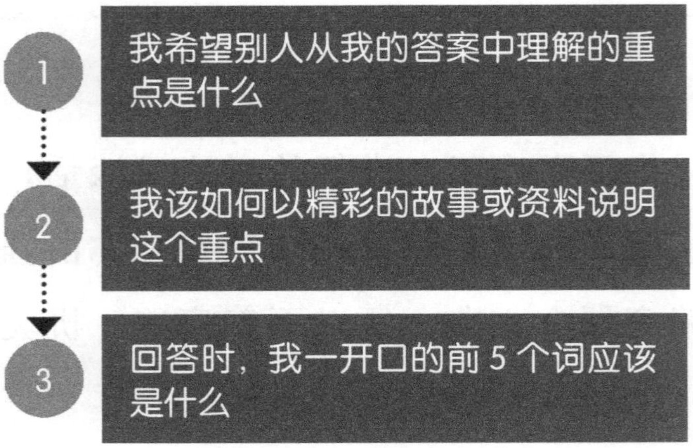

（4）只稍微复述原来的问题——然后用一个转移的词语将对话拉回较安全的话题。美国前总统奥巴马在这方面有高明的技巧。如果记者问他一个麻烦的问题，他会说：“听着，你提出的问题很重要，但你真正的意思是这样。”如果你能秉持坦白和公开的态度转移话题，人们便会跟着你的方向走。

（5）掩盖你切断话题的意图——通过回答其他人提出的问题，再补充说：“你提出的这个问题很有趣，因为这其实是我们必须讨论的另一个主题。”这个方法也可以进行变通，就是把另一个人带进来：“我认为保罗稍早前曾经提到和这个问题有关的事情。保罗，你之前说的是？”

发挥你的强项的另一个方法是使用 PPT。如果你计划在演示时使用 PPT，你必须遵循的指导原则如下：

◎不管你的演示有多长，将 PPT 限制在 12 页以下。

◎每页 PPT 的要点不超过 4 项。

◎每项要点不超过 5～6 个词。

◎如果可行，PPT 上不要有任何文字——只有图像。

◎绝对不要直接念出 PPT 上的文字。你的听众可以自己阅读。

◎绝对不要事先将 PPT 的文字资料发给听众。人们事先阅读后就会觉得无聊。可以提议用电子邮件将 PPT 发给需要的人，作为后续服务。

发挥你的强项其实是把你的演示和后续提问当作晚餐后的讨论，而不是质疑。如果有人提出你真的不想回答的问题，就谈论包括该问题在内的范围更大的主题，强调你的想法是该项主题最重要的部分。你总是寻找关键的转折机会，引导对话朝积极的方向发展。这是你希望投入时间达成的目标，那么就让它实现吧。

关键思维

绝对不要跟耍笔杆子的人起争执。

——马克·吐温

不要找缺陷，要找补救措施，因为任何人都会抱怨。

——亨利·福特

对话的真正艺术不只是在适当时间说出适当的内容，还要在诱惑发生时，不说出不当的内容。

——桃乐丝·内维尔夫人